Recht → Ethik → Medizin

Interdisziplinärer Dialog –
Ethik im Gesundheitswesen

Herausgegeben von

*IALOG ETHIK*
*Interdisziplinäres Institut für Ethik im
Gesundheitswesen*

Band 5

PETER LANG
Bern · Berlin · Bruxelles · Frankfurt am Main · New York · Oxford · Wien

Max Baumann

Recht → Ethik → Medizin

Eine Einführung ins juristische Denken –
nicht nur für Ethiker und Mediziner

PETER LANG
Bern · Berlin · Bruxelles · Frankfurt am Main · New York · Oxford · Wien

Bibliografische Information Der Deutschen Bibliothek
Die Deutsche Bibliothek verzeichnet diese Publikation in der Deutschen Nationalbibliografie; detaillierte bibliografische Daten sind im Internet über ‹http://dnb.ddb.de› abrufbar.

ISBN 3-03910-629-5
ISSN 1424-6449

© Peter Lang AG, Europäischer Verlag der Wissenschaften, 2005
Hochfeldstrasse 32, Postfach 746, CH-3000 Bern 9
info@peterlang.com, www.peterlang.com, www.peterlang.net

Alle Rechte vorbehalten.
Das Werk einschliesslich aller seiner Teile ist urheberrechtlich geschützt. Jede Verwertung ausserhalb der engen Grenzen des Urheberrechtsgesetzes ist ohne Zustimmung des Verlages unzulässig und strafbar. Das gilt insbesondere für Vervielfältigungen, Übersetzungen, Mikroverfilmungen und die Einspeicherung und Verarbeitung in elektronischen Systemen.

Für Kathrin

Inhaltsverzeichnis

Einleitung 11

1. Ursprünge 13
   1.1 PHYSIS – LOGOS – NOMOS 13
   1.2 Der Schamane als Urvater der Geistlichen,
       Rechtsanwälte und Ärzte 13
   1.3 Die Rolle Gottes 14
   1.4 ... und der Menschen 15

2. Ordnung 17
   2.1 Ordnung, Wissen und Glauben 17
   2.2 Ordnung, Struktur und Verfahren 22

3. Recht und Rechtswissenschaft 25
   3.1 Formalismus – nicht nur ein Nachteil 25
   3.2 Limitation und Legitimation von Macht 25
   3.3 Grundregeln 27
   3.4 Das Ideal der Gerechtigkeit und die Realität
       der Ungerechtigkeit 28
   3.5 Recht – Staat – Rechtsstaat 30
   3.6 Wachstum und Gestaltung von Strukturen 31
   3.7 Who is who? und Wem nützt es? 32
   3.8 Recht und Wahrheit(en) 33
   3.9 Recht haben und Recht bekommen 35
   3.10 Dimensionen des Rechts 37
   3.11 Recht als Text 40
   3.12 Recht und Rechtsphilosophie 42
   3.13 Rechtstheorie 43
   3.14 Rechtstatsachenforschung 43

3.15 Recht im Zeit- und Raumvergleich 44
3.16 Rechtsdogmatik – das „Kerngeschäft" 44
3.17 Viele Wege führen nach Rom 45

4. Moral und Ethik – Moral und Recht 47
   4.1 Eine Typologie der Ethik 47
   4.2 Ethik als Wissenschaft 48
   4.3 Zur Legitimation moralischer Regeln 49
   4.4 Recht und Moral – eine Übersicht 50
   4.5 Zu den Vorzügen von Formalismen 51

5. Medizin, Recht und Ethik 53
   5.1 Was ist wichtiger? 53
   5.2 Zur Historie des hippokratischen Eides 54
   5.3 Volks-Gesundheit als politisches Programm 55
   5.4 „Megatrends" in der Medizin 56
   5.5 Zauberlehrlinge 58
   5.6 Medizin-Ethik und Ethik-Typologie 59
   5.7 Grenzfragen 60
   5.8 Probleme der praktischen Umsetzung 61

6. Zeit, Wissen, Kosten 63
   6.1 Zeit und Recht 63
   6.2 Wissen und Recht 66
   6.3 Rechtskosten 69
   6.4 Zeit, Wissen und Kosten in der Ethik 71
   6.5 Zeit, Wissen und Kosten in der Medizin 72

7. „Rechtsförmige" Verfahren für die Medizin-Ethik 75
   7.1 Rahmenbedingungen für ethische Entscheidungen
       in der Medizin 75
   7.2 Elemente für einen ethischen Entscheidungsrahmen ... 76
   7.3 Ethische Entscheidungen „über" oder „mit"? 79
   7.4 Patientenautonomie heisst nicht Abschiebung
       der Verantwortung 80

8. Gesundheitsrecht und Ethik 83
   8.1 Gesundheitsrecht – was ist das? 83
   8.2 Recht und Medizin im Alltag 84
   8.3 Rechtliche und ethische Bedeutung 88

9. Ein Beispiel: Der Wert des Lebens in Recht,
   Moral und Ethik 89
   9.1 Recht auf Leben 89
   9.2 Moral und Leben 92
   9.3 Ethik und Leben 95
   9.4 ... und die Medizin? 98

10. Zu guter letzt 101

Einleitung

Was man technisch alles kann, ist zum grossen Problem der modernen Medizin geworden. Darf man das alles und soll man es auch tun? Die Reihenfolge *Medizin – Recht – Ethik* entspricht nach Kant (im „Streit der Facultäten") einer „praktischen" Rangfolge, wobei die „vernunftgemässe" Rangfolge (wiederum nach Kant) genau umgekehrt wäre (und statt der Ethik steht bei Kant noch die Theologie).

Als Jurist beginnt der Verfasser natürlich trotzdem mit dem Recht, aber mit der festen Überzeugung, dass es notwendig ist, vom Dürfen zum Sollen und Können, zur Ethik und zur Medizin weiter zu gehen, wenn vernünftige, d.h. vernehm- und annehmbare, sach- und menschen-gerechte Lösungen für die heiklen Fragen im Spannungsfeld von Recht-Ethik-Medizin gefunden werden sollen. Der Verzicht auf den (mühsamen) interdisziplinären Weg ist hier nicht sach- oder menschen-gerecht (Gerechtigkeit ist bekanntlich eine der vier Kardinaltugenden), d.h. Ethik (als Tugendlehre) muss sich interdisziplinär ausrichten, jedenfalls dann, wenn sie sich als angewandte Ethik mit Fragen des Rechts und/oder der Medizin befasst.

Der Verfasser ist sich auch bewusst, dass diese drei Fragen – kann, darf, soll man? – keineswegs alle grundlegenden Aspekte in diesem Umfeld abdecken. Ob es uns gefällt oder nicht, es ist vor allem auch eine vierte Frage – wer soll das bezahlen? – welche viele dieser Diskussionen erst angestossen hat. Dieser vierte „apokalyptische Reiter" ist nicht Thema dieses Büchleins; es muss daher der Hinweis genügen, dass es nicht unethisch ist, gerade auch im Bereich des existentiellen Gutes *Gesundheit* über Geld zu reden; Geld ist schliesslich nichts anderes als eine Masseinheit für die zur Verfügung stehenden Ressourcen. Die Frage der gerechten (oder wenigstens nicht allzu ungerechten) Verteilung der begrenzten Ressourcen ist aber eine Kernfrage jeder rechtlich-ethischen Auseinandersetzung.

Die folgenden Überlegungen zu Recht, Ethik und Medizin verfolgen einen Weg von den Grundlagen des Rechts zur Ethik und speziell der Medizinethik in der Absicht, „Gedanken-Steinchen" auszustreuen (wie Hänsel und Gretel), um denjenigen, welche in einem medizinethischen Umfeld arbeiten, einen Weg zum besseren Verstehen der juristischen Sicht und Implikationen ihres Handelns aufzuzeigen.

> Geistliche, Rechtsanwälte, ... Ärzte ..., die ein Geheimnis offenbaren, das ihnen infolge ihres Berufes anvertraut worden ist ... werden ... mit Gefängnis oder Busse bestraft.
>
> Art. 321 StGB

1. Ursprünge

1.1 PHYSIS – LOGOS – NOMOS

Menschen sind körperliche Wesen; in einer Umwelt, die den Naturgesetzen gehorcht, sind wir selber Teile dieser Natur, der PHYSIS. Menschen sind immer Mitmenschen, mit denen wir reden und deren Antworten wir verstehen (wenn auch nicht immer). Der LOGOS – das Gespräch in einem weiten Sinne umfasst das Reden, Argumentieren aber auch das Vernehmen, Verstehen und die Vernunft. Menschen haben ihren Blick offensichtlich schon in sehr früher Zeit „nach oben" gewendet und sich gefragt, woher sie kommen, wer sie sind und wohin sie gehen. Und in allen Kulturen gibt es die Antwort des Numinosen, des Göttlichen, dessen Gesetz – NOMOS – die Welt unterworfen ist. Aber selbst Denkrichtungen, für die Gott tot ist, suchen nach den Gesetzmässigkeiten (NOMOS) der Welt (PHYSIS) und des Zusammenlebens der Menschen (LOGOS).

1.2 Der Schamane als Urvater der Geistlichen, Rechtsanwälte und Ärzte

Der Verkehr mit dem Göttlichen wie die Beilegung von Streitigkeiten zwischen Menschen und „im" Menschen selber (in Form von Krankheiten) erforderte den Beizug des Schamanen, des Priester-Königs oder Medizinmannes, der Störungen im Verhältnis der Menschen zum NOMOS, zu anderen Menschen (LOGOS) oder in der eigenen PHYSIS Kraft seines (meist) geheimen Wissens behandelte. Es ist daher kein Zufall, dass noch das heutige Strafrecht gerade diesen Berufsgattungen eine Pflicht zur Geheimniswahrung auferlegt (Art. 321 StGB), sie umgekehrt aber auch von der Aussagepflicht als Zeugen befreit (z.B. in Art. 77 des Schweizerischen Bundesstrafrechtspflegegesetzes). Ärzte, Anwälte und Geistliche sind typische Vertreter der sich im Laufe der Zeit ausdifferenzierenden Wissenschafts- und Denksysteme:

– Ärzte – im englischen heisst der Arzt immer noch physician – als Vertreter der Naturwissenschaften mit ihrem Blick „nach unten", auf „die Sache";[1]

– Anwälte als Repräsentanten der Sozial- und Geisteswissenschaften (die u.a. auch gute Logiker oder Rhetoriker sein sollten) mit ihrem „horizontalen" Blickfeld auf alles Zwischenmenschliche;

– Geistliche als Vermittler von Religion und Theologie mit einem „aufwärts" gerichteten Blick auf den Nomos, als allem Menschsein Voraus-Gesetztes.

1.3 Die Rolle Gottes ...

In der geschichtlichen Entwicklung hat die göttliche Vorgabe, das Gesetz (NOMOS), lange Zeit die Regelung der zwischenmenschlichen Beziehungen und die Wahrnehmung der Natur bestimmt. Erst in der Neuzeit wagt man im westlichen Denken den Blick auf die Sache selbst – was zur Blüte der Naturwissenschaften führt – und man beginnt gesellschaftliche Ordnungen als menschengemacht und nicht mehr gottgegeben zu verstehen.

---

[1] Selbstverständlich sind Ärzte in der Regel nicht nur (und weit mehr als) reine Naturwissenschaftler. Gleichwohl ist die schwergewichtig naturwissenschaftlich ausgerichtete Ausbildung ein Faktum, das westliche Ärzte (zumindest von aussen) immer mehr als „Gesundheitsingenieure" erscheinen lässt.

Damit stellen sich auf den hier unterschiedenen drei Ebenen (PHYSIS, LOGOS, NOMOS) neue Fragen. Der Naturwissenschaft stellen sich u. a. methodische Fragen der Erkenntnis (Experiment), der Formulierung ihrer Erkenntnisse (Mathematisierung) und – erst in neuerer Zeit – der Einordnung bzw. Relativierung dieser Erkenntnisse (Wissenschaft „als gegenwärtiger Stand des Irrtums").

Im Bereich der Sozial- und Geisteswissenschaften stellen sich für erstere plötzlich Fragen der Limitation wie der Legitimation von Macht (in theokratischen – durch Gottes Gesetze geregelten – Gesellschaften ist weder die Begrenzung der Macht des Allmächtigen noch die Frage der Begründung seiner Macht ein Thema). Für die Geisteswissenschaften werden Fragen der Erkenntnis *von* Interessen und der Erkenntnis *aus* Interessen (bzw. einer adaequaten Methodik) zu zentralen Themen.

Parallel dazu erleidet die Theologie bezüglich der Regelung (westlicher) Gemeinschaften einen fast vollständigen Bedeutungsverlust.[2] Obwohl auch neueste westliche Verfassungen (wie z. B. die schweizerische aus dem Jahr 2000) mit einer Anrufung von Gott beginnen, wird die Regelung der gesellschaftlichen Organisation als von Menschen für Menschen (für sich selber) zu lösende Aufgabe begriffen.

1.4 ... und der Menschen

Dahinter steht das neuzeitliche (westliche) Menschenbild, wonach „alle Menschen frei und gleich an Würde und Rechten geboren und mit Vernunft und Gewissen begabt sind". Diese Definition (und Forderung) findet sich in Art. 1 der Allgemeinen Erklärung der Menschenrechte der Vereinten Nationen (vom 10. Dezember 1948), wo es weiter heißt, dass sich alle Menschen „im Geiste der Brüderlichkeit begegnen"

---

2   Die politische Bedeutung der Religion in sogenannten Gottesstaaten (Iran, Saudi-Arabien, Sudan etc.) ist nicht zu übersehen. Danebst gibt es Anzeichen dafür, dass die Religion auch in westlichen Staaten wieder an Boden zu gewinnen scheint; auffällig ist z. B., wie sich gerade US-Präsident George W. Bush immer öfters als Vollstrecker eines göttlichen Auftrages gebärdet.

sollen. Ohne Bezug auf einen gütigen Gott wird hier die Forderung gestellt, gut zueinander zu sein, die Freiheit und Gleichwürdigkeit der Mitmenschen „als Brüder" zu achten und zu fördern.

Garant für diese neue Ordnung ist nun nicht mehr Gott, ein gottgleicher oder auch bloss weltlicher Herrscher, sondern das von den Menschen sich selber gegebene Gesetz. Dementsprechend hiess es in der Verfassung von Massachusetts von 1780: „… it may be a government of laws, and not of men." Die Erkenntnis, dass dieses Gesetz seinerseits aber von Menschen gemacht und von Menschen angewendet wird, führt zur weiteren Einsicht und Erfahrung, dass wir Menschen letztlich selber verantwortlich dafür sind, wie wir miteinander umgehen.

> Ordnung bedeutet, dass Ganzheiten erkennbare Muster aufweisen. Ordnung manifestiert sich in statischer Sicht durch eine bestimmte Art der Verknüpfung der Teile zu einem Netzwerk oder durch die Struktur, in dynamischer Sicht durch ein bestimmtes Verhaltensmuster des Ganzen. Ordnung entsteht durch Regeln, welche die Freiheit des Verhaltens der Teile und des Ganzen beschränken.
>
> H. Ulrich/E. Probst, *Anleitung zum ganzheitlichen Denken und Handeln*

2. Ordnung

2.1 Ordnung, Wissen und Glauben

2.1.1 Menschen sind immer Mitmenschen, die in sozialen Verbänden leben. Das „Verbindende" sind die Regeln des Zusammenlebens, die umfangreicher und komplizierter werden, je mehr Menschen eine Gemeinschaft umfasst. Die meisten Regeln, an die wir uns im „Nahbereich" von Familie und Freunden ganz unbewusst halten, werden als selbstverständlich vorausgesetzt und meistens stillschweigend akzeptiert. Erst bei Verstössen wird uns bewusst, dass es hier doch eine Regel gibt, deren Einhaltung man eigentlich erwartet.

Die Forderung nach Verlässlichkeit ist eine solche Regel, die – was nicht erstaunt – z.B. in Kontaktanzeigen sehr häufig bei der Wunschpartnerin, beim Wunschpartner gesucht wird. Denn Vertrauensbrüche vertragen sich nun einmal nicht mit der Planung und Organisation einer gemeinsamen Zukunft, sei dies in einer Zweierbeziehung, sei dies in grösseren Verbänden.

2.1.2 Woher aber nehmen wir diese Regeln? Man kann in der Theorie drei Quellen unterscheiden, die aber – auch in den aufgeklärtesten Verbänden – in der Regel immer alle drei zusammen auftreten, allerdings mit unterschiedlichem Gewicht.

Von historisch gesehen überragender Bedeutung sind Regelwerke, die ihren Ursprung und ihre Legitimation aus göttlicher Setzung ableiten. Man kann den Einfluss einer „Gesetzgebung" wie sie die zehn Gebote (Exodus 20; Deuteronomium 5) darstellen, kaum überschätzen. Gleichwohl lässt sich schon an diesem Bespiel erkennen, wie sehr neben dem göttlichen Gesetz (NOMOS) der menschliche LOGOS, menschliches Denken und Argumentieren über die Natur (PHYSIS) der Sache in unsere gesellschaftlichen Ordnungen hineinspielt.

2.1.3 Gemäss der biblischen Darstellung wurde die erste Fassung der zehn Gebote von Gott selber auf zwei Steintafeln niedergeschrieben (Exodus 24, 12). Als Moses nach seiner Rückkehr vom Sinai das Volk um das goldene Kalb tanzen sah „entbrannte er in Zorn, schleuderte die Tafeln aus seiner Hand und zertrümmerte sie am Fusse des Berges" (Exodus 32, 19). Nach der Versöhnung mit Gott befiehlt dieser Moses, zwei neue Steintafeln zurecht zu hauen und sprach zu ihm: „Schreibe dir diese Worte auf"! Und danach schrieb er (Moses) „auf die Tafeln die Bundesworte, die zehn Gebote" (Exodus 34, 27/8).

Man kann nun endlos darüber diskutieren, ob und welche Schreibfehler Moses unterlaufen sind, ob er Eigenes hinzugefügt, oder anderes weggelassen hat, schliesslich war er – im Unterschied zum Autor der ersten Fassung – auch nur ein Mensch. Nebst geisteswissenschaftlichem Scharfsinn sind bei alten Quellen oft auch die Naturwissenschaftler gefordert: wie alt ein Dokument ist, ob es echt ist und woher es stammen könnte, sind Fragen, die sich mit den Methoden der modernen Naturwissenschaften sehr präzise beantworten lassen; und je nach Ergebnis gewinnt oder verliert das entsprechende Dokument bzw. die darin enthaltene Regel an Autorität und Verbindlichkeit.

2.1.4 Übergangsformen zu nicht direkt göttlich legitimierter Regelsetzung sind von Gott eingesetzte Könige und Fürsten, die Kraft ihres Amtes befugt und befähigt sind, über die Ordnung einer Gemeinschaft zu bestimmen. Nicht immer leicht abzugrenzen davon sind die Priester, die heilige Texte anwenden, und wo sie unklar oder unvollständig erscheinen, autoritativ auslegen.

Erst mit dem Wegfall der göttlichen Bevollmächtigung (als Setzer oder Interpret von Regeln) wird die Organisation der Gemeinschaft zur Aufgabe von Menschen für Menschen. Ein Blick in die Geschichte der Frage, wer denn Mensch sei – z. B. Sklaven, oder Frauen (noch im 18. Jahrhundert wurde ernsthaft die Frage zur Debatte gestellt „Ob die Weiber Menschen sind?") –, zeigt wie lange die an sich schon alte Idee von der Gleichheit der Menschen gebraucht hat, um (zumindest in der politischen Theorie) allgemeine Anerkennung zu finden. Selbst auf der Grundlage von Art. 1 der UNO-Menschenrechtserklärung („Alle Menschen sind frei und gleich") ergeben sich in der Praxis riesige Unterschiede hinsichtlich der Mitgestaltungsrechte, welche den Menschen in konkreten Gesellschaftsordnungen zugestanden werden. Die beschreibenden Sozialwissenschaften versuchen zu erkennen und darzustellen, wie Regeln in Gemeinschaften gesetzt, geändert oder aufgehoben und durchgesetzt werden.

2.1.5 Mit dem Aufkommen und Erfolg der Naturwissenschaften gelangen die sogenannten Naturgesetze ins Blickfeld, welche unabhängig vom Tun und Lassen von uns Menschen – aber auch für uns Menschen mit unserer eigenen PHYSIS – gelten. Wo aber bleibt die Freiheit, wenn doch alles naturgesetzlich determiniert ist? Sind denn die Zustände, so wie wir sie heute haben, nicht einfach das zwingende Ergebnis streng kausal ablaufender Vorgänge? Dagegen ist folgender Einwand denkbar: Handlungsfreiheit verträgt sich ohne weiteres mit naturgesetzlicher Kausalität, indem eine bestimmte Ausgangssituation durchaus verschiedene Handlungsvarianten zulässt, von denen keine gegen irgendein Naturgesetz verstösst. Die philosophische Anthropologie bezeichnet den Menschen als „das nicht festgelegte Wesen" (Arnold Gehlen), dem die physische Determiniertheit fehlt, was ihm nicht nur erlaubt, sondern ihn geradezu zwingt, in immer neuen Situationen neu zu wählen und zu entscheiden. Meine Entscheidung, statt mit dem Bus zu fahren, zu Fuss zu gehen, verletzt kein Naturgesetz. Aber diese Entscheidung selber war doch schon eindeutig kausal vorher bestimmt, wird mir der strenge Determinist entgegnen. Aber beide – der Determinist wie ich – sind wir nicht in der Lage, dem anderen unwiderlegbar zu beweisen, dass er falsch liegt. Die Konzession, die wir dem Deterministen machen müssen, ist bloss die, dass wir nichts tun können, was gegen die Naturgesetze verstösst – ich kann nicht wie ein Vogel ohne Hilfsmittel aus eigener Kraft nach Hause fliegen. Aber nur schon, dass wir auch in diesem Fall Dinge denken können, die nach den uns derzeit bekannten Naturgesetzen nicht möglich sind (man lese Science Fiction), ist ein Hinweis darauf, dass Freiheit als Möglichkeit mit unserem heutigen Wissensstand nicht ausgeschlossen werden kann.

Im Hinblick auf das Zusammenleben von Menschen aber noch wichtiger ist die Freiheit von der Beherrschung durch andere. Und wie das Maximilian Forschner ausgedrückt hat, gibt es tatsächlich „keinen prima facie plausiblen Grund, warum ein Mensch oder eine Gruppe von Menschen über einen anderen Menschen oder eine andere Gruppe von Menschen sollen herrschen dürfen".[3]

2.1.6 Ohne Ordnung geht es nicht. Wir können eine Ordnung allein aus dem Grunde akzeptieren, weil es uns einleuchtet, *dass* es eine Regelung braucht, ohne uns den Kopf darüber zu zerbrechen, ob sie nun richtig ist oder falsch, ob sie auf einem göttlichen Ratschluss, auf einer blossen Übereinkunft zwischen Menschen oder auf einem unumstösslichen Naturgesetz basiert. Ein häufig gebrauchtes Beispiel für diese Art einer Regelung ist die Anordnung des Rechts- oder Linksfahrens im Strassenverkehr. Es ist ohne weiteres einsichtig, dass der Verkehr nicht funktionieren würde, wenn jeder Einzelne für sich entscheiden dürfte, ob er nun links, rechts oder gar in der Strassenmitte fahren möchte. So beliebt und häufig gebraucht das Beispiel ist – es ist möglicherweise falsch: Im Jahre 1975 ergab eine Untersuchung über die Anzahl von Toten im Strassenverkehr pro 100'000 Einwohner für verschiedene Länder folgende Ergebnisse: In Belgien, Dänemark, Frankreich, Italien, Kanada, Österreich und USA wurden je ungefähr 24 Tote (auf 100'000 Einwohner) ermittelt. In Grossbritannien, Japan und Schweden waren es dagegen nur halb soviele, nämlich je 12; in diesen drei Ländern wurde zur Zeit der Untersuchung links gefahren, in allen anderen aber rechts.[4] Das Beispiel sollte uns zumindest nachdenklich

---

3   Forschner Maximilian: Mensch und Gesellschaft, Grundbegriffe der Sozialphilosophie, Darmstadt 1989, 95.
4   Vgl. Theodore Modis: Die Berechenbarkeit der Zukunft/Warum wir Vorhersagen machen können, Basel 1994, 14/15.

machen, d. h. uns anregen, darüber nachzudenken, wie oft wir Dinge zu verstehen glauben, die wir eigentlich gar nicht abgeklärt haben, weil sie „evident" richtig zu sein scheinen.

2.1.7 Während uns göttliche Autoritäten konkrete und im Prinzip ewig gültige (und ohne Häresie nicht bestreitbare) Ordnungen und Handlungsanweisungen vorgeben, steht die konventionell gefundene Regel immer unter dem Vorbehalt der Abänderung und Anpassung. Anders verhält es sich dagegen mit Naturgesetzen: wir können sie nicht ändern, aber wir können feststellen, dass wir sie nicht ganz, nicht richtig oder überhaupt nicht verstanden – vielleicht auch nur fehlerhaft formuliert – haben. Immerhin hat es sich als sehr erfolgreiche Taktik erwiesen, derartige Gesetze solange als richtig zu betrachten, als sie nicht durch Gegenbeispiele oder den Nachweis von Fehlern, Lücken oder Ungenauigkeiten falsifiziert wurden. In diesem Sinne können uns Naturgesetze einerseits sagen, was wir auch im sozialen Bereich nicht tun sollten, weil wir es nicht tun können, oder aber Empfehlungen darüber abgeben, wie wir etwas am besten tun können. Die Medizin- und Schlafforschung kann uns z. B. ohne weiteres vorhersagen, dass wir mit schwersten Gesundheitsstörungen rechnen müssten, wenn uns per Gesetz höchstens noch zwei Stunden Schlaf pro Tag gestattet würden. Sie kann des weiteren auch sinnvolle Empfehlungen abgeben, wie viele Ruhestunden ein Pilot oder Busfahrer mindestens einhalten sollte, um seine Fahrgäste und andere Verkehrsteilnehmer nicht zu gefährden. D. h. wissenschaftliche Erkenntnisse sind sehr taugliche Mittel, Regelungen möglichst zweckmässig und effizient zu gestalten – vorausgesetzt, sie werden kritisch geprüft, was ihre Qualität anbetrifft und dort eingesetzt, wo sie angebracht sind.

2.1.8 Halten wir fest: es gibt gute Gründe auf das, was wir wissen – soweit wir es überprüfen konnten – zu vertrauen. Es gibt aber ebenso gute Gründe, daran zu denken, dass uns unbestreitbar erscheinende „Wahrheiten" sich möglicherweise als falsch herausstellen (es ist noch nicht allzu lange her, dass Kurorte mit der gesunden, ozonreichen Luft Werbung machten). So gesehen ist auch dieses Wissen eigentlich nur ein qualifiziertes Für-wahr-halten. Es unterscheidet sich darin von reinen

Glaubenssätzen, die wir ohne den Versuch (oder auch nur die Möglichkeit) einer Falsifizierung als für uns verbindlich anerkennen, sei es aufgrund der Autorität ihrer Quelle (wie z.B. der Bibel) oder weil sie uns „evident" – ohne weiteren Beweis als „wahr" erscheinen (wie z.B. 40 + 40 = 80, oder könnte es sein, dass 40 + 40 = 1.20 ergibt?).

2.2 Ordnung, Struktur und Verfahren

2.2.1 Friedrich von Hayek[5] unterscheidet gewachsene, sich selbst-erzeugende, endogene oder spontane Ordnungen von gemachten, exogenen Ordnungen – Kosmos von Taxis.

Menschen haben immer schon in „geordneten" Verhältnissen – im Kosmos der Natur – gelebt, lange bevor sie derartige Beziehungen erkennen, geschweige denn beschreiben konnten. Menschen können aber auch – bewusst wie unbewusst – in bestehende, gewachsene (und gemachte) Ordnungen eingreifen, in dem sie eigene (neue) gemachte Regeln festlegen und durchsetzen indem sie „den Kosmos taxieren". Bei der Wahl von Ordnungs-Kriterien sind wir grundsätzlich frei: Während der Quizmaster von den Wettbewerbsteilnehmern verschiedene Tiere (in alphabetischer Reihenfolge: Bison, Dromedar, Kudu-Antilope, Nashorn, Reh) nach Gewicht eingeordnet haben will, wäre das Gewicht allein kein sinnvolles Kriterium für eine zoologische Klassierung dieser Tiere. Für den Zoo-Baumeister kann es dagegen durchaus eine Rolle spielen, in welche Gewichtsklasse die Bewohner eines geplanten neuen Zoogebäudes gehören.

2.2.2 Bei den endogenen wie den exogenen Ordnungen können wir zwei Grundformen unterscheiden: entweder regeln sie Strukturen (die Statik einer Ordnung) oder Prozesse (die Dynamik in einer Ordnung). Daraus ergeben sich bei Ordnungen des menschlichen Zusammenlebens zwei Grundfragen: die Frage der Regelsetzung, der Schaffung von Struk-

---

5   Friedrich von Hayek: Recht, Gesetzgebung und Freiheit/Regeln und Ordnung, 2.A. 1986, 58 ff.

turen einerseits und die Frage der Regelanwendung, der Abwicklung von (Handlungs-)Prozessen in diesen Strukturen auf der anderen Seite.

Wir können also endogen, gewachsene Strukturen und Prozesse (Kosmos) beschreiben und unterscheiden von exogenen, gemachten Strukturen und Prozessen (Taxis). Wir können Strukturen und Prozesse fast beliebig verändern und anpassen, allerdings wiederum nur im Rahmen der naturgesetzlich vorgegebenen Grenzen. Alle Menschen müssen essen und trinken. Die Vielzahl der Speisepläne und Essensgewohnheiten ist, ein gutes Beispiel dafür, wie flexibel Menschen bei der Organisation physisch zwingender Gegebenheiten sein können.

2.2.3 Die Vielzahl derartiger Ordnungen, die alle dazu beitragen, dass die Menschen, die sich an sie halten, überleben können, ist ein wichtiges Indiz dafür, dass wir es in menschlichen Gemeinschaften immer mit einer Vielzahl von Ordnungen für eine Vielzahl unterschiedlichster Menschen zu tun haben. Wie es *den* Menschen in der Realität nicht gibt – sondern nur *die* Menschen, die immer auch Mitmenschen sind –, gibt es auch nicht *die* Ordnung, die für alle gleichermassen verbindlich ist. Das will nicht heissen, dass es unzulässig oder gar sinnlos wäre, ideale Ordnungsmodelle für alle (die gesamte Menschheit) zu entwickeln und zu diskutieren – die schon erwähnte Menschenrechtsdeklaration der UNO ist ein solches Modell[6]. Man muss sich dabei aber auch der Diskrepanz zwischen solchen idealen Ordnungsvorstellungen und den konkreten Ordnungen bewusst bleiben (vgl. z. B. Art. 23 Abs. 2 der UNO-Menschenrechtskonvention: „Jeder, ohne Unterschied, hat das Recht auf gleichen Lohn für gleiche Arbeit").

So gut das ideale Modell sich als Kontrolle und Richtschnur für die Verbesserung konkreter Ordnungen eignet, sollte doch nicht vergessen werden, es auch selber immer wieder kritisch zu betrachten.

2.2.4 Ordnung (als Struktur- wie als Prozessregeln) beschränkt die Freiheit – und sichert sie zugleich. Sie ermöglicht die Planung von Zukunft, die Chance, dass Erwartungen nicht enttäuscht werden. Sie setzt Rahmenbedingungen, die Freiräume eröffnen, solange das Verhalten

---

6 Vgl. Johan Galtung: Menschenrechte – anders gesehen, Frankfurt a. M. 1994

nicht ordnungswidrig ist. Daher kommt die Überzeugung, dass selbst eine schlechte Ordnung besser ist, als keine Ordnung, als das nackte Chaos. Optimale Ordnungen gestatten so viel Freiheit wie möglich mit so wenig Regelungen wie nötig (um eben diese Freiheit abzusichern).

Recht ist eines von vielen Ordnungssystemen – nach dem (relativen) Bedeutungsverlust der Religion und nach dem Zerfall einer allgemein-akzeptierten Moral in eine Vielzahl gruppenspezifischer Verhaltens-Codes eines der wichtigsten Systeme überhaupt, dessen Berechtigung im Grundsatz kaum umstritten ist. Daneben spielen andere Systeme ihre Rollen in der Ordnung von Gesellschaften, ein ganz wichtiges – und immer wichtiger werdendes – ist das Medizinalwesen, das mit seinem Schema von *gesund* versus *krank* in immer mehr Bereiche unseres Lebens eingreift, und zwar immer tiefer.

> Noch suchen die Juristen eine
> Definition zu ihrem Begriffe vom Recht
>
> I. Kant

3. Recht und Rechtswissenschaft

3.1 Formalismus – nicht nur ein Nachteil

Juristen sind Formalisten – oder Ordnung ist die halbe Miete. Rechte und Rechtspflichten definieren sich immer im Rahmen bestimmter Rechts-Ordnungen. d.h. im Rahmen von Regel-Systemen, die erlauben, gebieten und/oder verbieten und Verstösse regelmässig (wenn auch nicht immer und nicht immer konsequent) ahnden. Typisch sind dabei standardisierte Strukturen und formelhafte Prozesse. Was dem Recht oft vorgeworfen wird – sein rigider Formalismus – ist wahrscheinlich einer seiner Hauptvorzüge, ja ein ganz wesentliches Kernelement. Die Entwicklung von gewissen Standardregeln für die Organisation von Gesellschaften im Hinblick auf möglichst grosse Freiheit ihrer Mitglieder ist vielleicht eine der grössten geistigen Errungenschaften der Menschheit überhaupt. Die wesentlichen Grundideen sind dabei z.T. schon mehr als 2000 Jahre alt, ohne dass wir etwas Besseres gefunden hätten. Neu ist nur die allgemeine Anerkennung und breitere Anwendung dieser Regeln.

3.2 Limitation und Legitimation von Macht

Wie schon erwähnt (oben 1.3) geht es bei der Regelung menschlicher Gemeinschaften ganz wesentlich um die Begrenzung und Begründung, die Limitation und Legitimation von Macht, wenn Freiheit überhaupt eine Chance haben soll. Nicht nur aus pragmatischen Überlegungen heraus müssen solche Ordnungen (um diesen Titel zu verdienen) auch

Sicherheit (bezüglich der Erwartungen wie der Folgen) gewährleisten und zugleich praktikabel sein. Recht ist auch die Kunst des Möglichen. Diese „mittlere" Handlungsebene liegt im Spannungsfeld zwischen der nötigen (minimalen) Organisation und der erwünschten (maximalen) Freiheit.

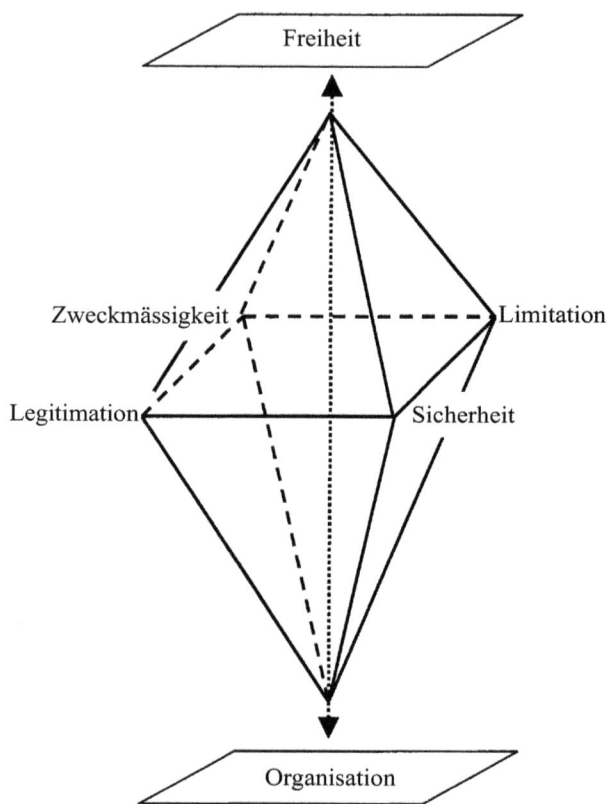

3.3 Grundregeln

Freiheit wie Organisation sind nun ihrerseits durch die bereits erwähnten sehr alten Grundregeln[7] abgesichert:

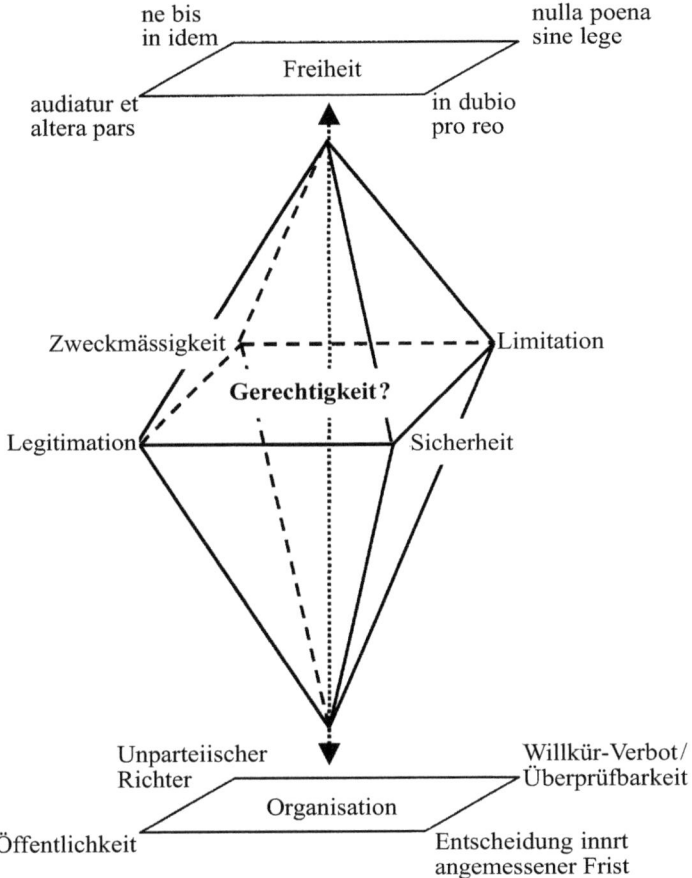

---

7 Die lateinische Fassung dieser Maximen dokumentiert das hohe Alter dieser Errungenschaften: ne bis in idem – Es soll nicht zweimal (wegen ein und derselben Sache) geurteilt werden; nulla poena sine lege – Keine Strafe ohne Gesetz; in dubio pro reo – im Zweifel für den Angeklagten; audiatur et altera pars – Auch die andere Seite muss gehört werden.

Die Maximen auf der Freiheitsebene garantieren, dass niemand ohne Gesetz und niemand wegen der gleichen Sache zweimal verurteilt wird, dass im Zweifel zu Gunsten des Angeklagten entschieden wird und nicht ohne, dass beide Seiten ihre Sicht der Dinge vortragen konnten. Der unparteiische Richter, der neutral über das ihm Vorgetragene befindet, das Willkür-Verbot wie die Pflicht, innert angemessener Frist zu entscheiden und das Öffentlichkeitsgebot (d.h. die Verpflichtung, Gesetze publik zu machen, wie das Verbot geheimer Kabinettsjustiz) gehören zu den wichtigsten organisatorischen Grundregeln des Rechts.

Der Gesetzgeber einerseits und der Richter andererseits sind zwei der wichtigsten Institutionen des Rechts überhaupt, indem sie Ordnungs-Strukturen und -Prozesse absichern. Durch diese beiden „Instrumente" unterscheidet sich das Recht auch wesentlich von der Moral, worauf zurück zu kommen ist (unten 4.4). Natürlich garantieren derartige Freiheits- und Organisationsregeln noch keine Gerechtigkeit, aber sie tragen ganz wesentlich dazu bei, die Gefahr von Ungerechtigkeiten zu verringern und im besten Fall sogar zu verhindern. Berühmt geworden ist die Äusserung der ostdeutschen Bürgerrechtlerin Bärbel Bohley: „Wir wollten Gerechtigkeit; was wir bekommen haben, ist der Rechtsstaat". Der Rechtsstaat schafft aber immerhin den notwendigen Rahmen, den es braucht, damit Gerechtigkeit überhaupt eine Chance erhält.

3.4 Das Ideal der Gerechtigkeit und die Realität der Ungerechtigkeit

Gerechtigkeit ist eine der vier Kardinal-Tugenden[8] – und das ist möglicherweise ein Hauptgrund dafür, warum wir uns mit ihr so schwer tun. Das Wort *Tugend* kommt von *taugen* und wirklich tauglich sind in der antiken wie in der christlichen Lehre nur die Götter, bzw. der eine Gott. Menschen können bestenfalls versuchen, tauglich, bzw. tugendhaft i.S.

---

[8] Pro memoria: Justitia (Gerechtigkeit), Prudentia (Klugheit), Temperentia (Masshalten) und Fortitudo (Tapferkeit – heute oft als Zivilcourage interpretiert).

eines ethischen Ideals zu werden. Seit der Neuzeit wird daraus aber immer mehr blosse *Tüchtigkeit*, d. h. die Tauglichkeit für die Erreichung irgendwelcher Ziele, deren *ethische Tauglichkeit* nicht hinterfragt wird. Menschen können nur versuchen, Gerechtigkeit (i. S. einer Tugendlehre) anzustreben und annäherungsweise zu erreichen. Und im Erfolgsfalle handelt es sich oft genug nur um eine glückliche Fügung von Umständen, deren Zusammenwirken wir gar nicht verstehen.[9]

Was uns im Wege steht, der Gerechtigkeit näher zu kommen, ist die Ungerechtigkeit. Und wiederum ist es die Sprache, die uns weiter hilft. Der Satz: „Das ist aber gerecht!" kommt in der Alltagssprache kaum vor. „Das ist aber ungerecht!" hören wir dagegen täglich, oft mehrmals und meistens mit dem Unterton der echten moralischen Entrüstung. Warum ist das so? – Weil uns die (göttliche) Tugend der Gerechtigkeit im Alltag nicht begegnet, wir es vielmehr immer wieder mit ihrer bösen „irdischen" Schwester, der Ungerechtigkeit, zu tun haben. Und deswegen kennen wir die letzt-genannte Dame auch viel besser. Es ist erstaunlich, wie häufig und wie breit der Konsens darüber ist, was ungerecht ist. Was aber wirklich gerecht wäre – das wissen die Götter.

Es ist die Ungerechtigkeit, die uns in Angst und Schrecken versetzt, die Gerechtigkeit strahlt keine emotionale Anziehung aus (Judith Shklar). Oder noch deutlicher in der Formulierung von Klaus Schwarzwäller: *Die Göttin Justitia küsst nicht. Sie ist aus Holz, Metall oder Stein. Sie hat amtlich verschlossene Augen; sie straft und wägt; sie ist pflichtbewusst und kalt.*[10]

---

9   Vgl. dazu die wundervolle Parabel von Friedrich Dürrenmatt: Die erste Geschichte, in: Monstervortrag über Gerechtigkeit und Recht, Zürich 1969.
10 Judith N. Shklar: Über Ungerechtigkeit/Erkundungen zu einem moralischen Gefühl, Frankfurt a. M. 1997; Klaus Schwarzwäller: Gerechtigkeit – Raum für menschliches Leben, in: Festschrift für Malte Diesselhorst, Göttingen 1996. Vgl. auch Barrington Moore: Ungerechtigkeit, Frankfurt a. M. 1982. Im Übrigen war schon den alten Römern klar, dass sich die Rechtswissenschaft mit dem Gerechten *und* dem Ungerechten auseinandersetzen muss; die spätere Theorie hat aber die Ungerechtigkeit oft geradezu sträflich vernachlässigt. Das Originalzitat von Ulpian lautet wie folgt: „Juris prudentia est divinarum atque humanarum rerum notitia, iusti *atque iniusti* scientia".

3.5 Recht – Staat – Rechtsstaat

Wir sind uns (wenigstens in westlichen Gesellschaften) gewöhnt, den Gesetzgeber mit dem Staat gleich zu setzen, der die rechtmässige Ordnung schafft und aufrecht erhält (oder es zumindest versucht). Das war nicht immer so, muss nicht immer so bleiben und ist überdies ein Paradox.

Auch archaische Gesellschaften, denen alle Attribute eines modernen Staates zu fehlen scheinen, sind geordnete Gesellschaften, die „rechtmässiges" Verhalten einfordern, ja streng einfordern müssen, um überleben zu können. Innerhalb und ausser- oder überhalb von modernen Gesellschaften entwickeln sich immer mehr ausserstaatliche Selbstregulierungsorganisationen, die ausserhalb, neben oder zusammen mit staatlichem Recht neue Ordnungsstandards setzen und durchsetzen. Ein sehr guten Beispiel dafür ist die Entwicklung des Internets und der darin geltenden Regeln, von der netiquette bis zur Vergabe von Domain-Namen oder der Bekämpfung des Hackertums.

Paradox ist der Begriff des Rechtsstaates, weil der rechtsetzende Staat das Recht schon voraussetzt (um legitim Recht setzen zu können), während staatliches Recht ohne eben diesen Staat gar nicht existieren würde. Diese unauflösbare Paradoxie gilt aber für jeden menschlichen Regelsetzer: mit welchem Recht setzt jemand Rechtsregeln?[11] Um den endlosen Regress abzubrechen, braucht es immer irgendwann, irgendwo eine Entscheidung, die quasi mangels besserer Alternativen – faute de mieux – von den Betroffenen akzeptiert oder (was historisch gesehen eher der Regelfall ist) ihnen aufoktroyiert wird.

---

11   Das erklärt, warum sich auch moderne Verfassungen immer noch auf die Autorität Gottes berufen. Die Präambel des deutschen Grundgesetzes vom 23. Mai 1949 beginnt wie folgt: „Im Bewusstsein seiner Verantwortung vor Gott und den Menschen …". Die schweizerische Bundesverfassung vom 18. April 1999 beginnt mit einer direkten Anrufung Gottes: „Im Namen Gottes des Allmächtigen!" In der Präambel zur neuen europäischen Verfassung wird Gott nicht explizit erwähnt; stattdessen erfolgt eine Bezugnahme auf das kulturelle, religiöse und humanistische Erbe Europas; das religiöse Erbe Europas ist aber die christliche Religion.

Idealiter (und in der Theorie) erfolgt die Einigung auf eine Grundnorm oder ein System von Grundnormen durch einen (fiktiven) Vertrag zwischen allen Beteiligten. Nur setzt auch die Vertragstheorie schon voraus, dass man ziemlich genau weiss, wer denn die Vertragsparteien sein sollen (In- und Ausländer?), wie mit Vertragsunfähigen (Kinder, Geisteskranke) umzugehen ist (was heisst Vertragsunfähigkeit?) und welches die Folgen einer allfälligen Vertragsverletzung sein sollen. Bestenfalls bleibt die gute Absicht einiger Wohlmeinender im Interesse aller (wirklich aller?) eine Art Vorvertrag über die Aushandlung eines bindenden Vertrages abzuschliessen.

3.6 Wachstum und Gestaltung von Strukturen

In der Praxis haben wir es mit Strukturen zu tun, die sich aus Jahrhunderte langen, je gesellschaftsspezifischen Machtkämpfen verschiedener gesellschaftlicher Gruppen herauskristallisiert haben; deren laufende Umgestaltung können wir beobachten und auch zu beeinflussen versuchen (mit mehr oder weniger Erfolg).

Dabei ist der Einfluss von Ideen, Vorstellungen und Visionen nicht zu unterschätzen. Allerdings müssen diese Visionen oder Ideen keineswegs immer hehren Idealen entsprechen, sondern können ganz profane Ursachen haben. Die Entdeckungen und Eroberungen des 15. und 16. Jahrhunderts sind vor allem von ganz handfesten kaufmännischen Überlegungen gesteuert worden, nachdem der Aufstieg des osmanischen Reiches den bisher üblichen Handelsweg nach Indien (dem Osten schlechthin) blockiert hatte. Deshalb der Drang nach Westindien, Amerika, dessen Ureinwohner bezeichnenderweise heute noch Indianer heissen. D.h. nicht, dass es das Umgekehrte – die Suche nach einem theoretischen Ideal in der Praxis – nicht auch gegeben hat; die Wissenschaftsgeschichte ist voll von Beispielen. Wirksam geworden sind aber vor allem die Ideen, die nebst dem ideellen Gehalt auch einen sehr reellen Profit versprachen. Viele Verbesserungen in der Arbeitswelt verdanken sich nicht (nur) dem Engagement humaner Arbeitgeber, sondern (auch) der Erkenntnis, dass „glücklichere" oder gesündere Angestellte produktiver arbeiten.

3.7 Who is who? und Wem nützt es?

3.7.1 Im Recht wird grosser Wert darauf gelegt, genau zu wissen, mit wem man es zu tun hat. Am Anfang aller Verfahren steht die Klarstellung der Personalangaben aller Beteiligter und die Zuweisung einer "Rolle" als Kläger, Beklagter, Zeuge, Angeschuldigter, Angeklagter, Geschädigter, Ankläger, Richter etc. Daraus ergibt sich u.a. auch, welches Recht anzuwenden ist: ist es z.B. das Jugendstrafrecht oder sind es die Normen für junge Erwachsene? Bei internationalen Verhältnissen – in einer multikulturellen Gesellschaft ein alltäglicher Fall – muss abgeklärt werden, ob z.B. die Wirkungen einer Ehe nicht einem ausländischen Recht unterstehen, oder welche Ansprüche jemandem, der im Ausland gelebt hat, aus der Sozialversicherung zustehen etc. Beide Fragen – Wer ist wer? und Welches Recht gilt für wen? – werden in moralischen Beurteilungen nie in dieser Schärfe gestellt: meistens genügt es, sich in einer Gruppe aufzuhalten, um auch nach deren moralischen Standards beurteilt zu werden. Natürlich kämpft auch das Recht mit dem Problem von kulturell anderen Vorstellungen über Recht und Unrecht; es thematisiert sie aber ausdrücklich, bevor Entscheidungen gefällt werden.

3.7.2 Eine andere ganz wichtige Frage für das bessere Verständnis rechtlicher Verhältnisse ist jene nach den Interessen der Beteiligten: Wem nützt eine Gesetzesbestimmung, eine Vertragsklausel (mehr)? Zu wessen Gunsten wirkt sich eine Handlung oder eine Unterlassung aus? Besteht ein *Interessengegensatz* (z.B. im Streit zwischen Nachbarn über ein Bauprojekt des einen, welches die Liegenschaft des andern zu entwerten droht)? Hat sich jemand zur *Interessenwahrung* verpflichtet (wie der Anwalt, der den bauwilligen Nachbarn vertritt)? Oder liegt eine *Interessenvergemeinschaftung* vor (wenn sich die Nachbarn entschliessen, statt zu streiten eine Gesellschaft zu gründen, um ein gemeinsames Projekt realisieren zu können)?

3.8 Recht und Wahrheit(en)

Dass Recht kaum je Gerechtigkeit produziert (vgl. 3.4), sondern auf dem Weg zur Wiederherstellung des Rechtsfriedens bestenfalls die gröbsten Ungerechtigkeiten verhindert, hat auch mit folgendem Umstand zu tun: Wer wirklich gerecht entscheiden wollte, müsste auch ganz genau wissen, das wirklich geschehen ist. Der Sache gerecht werden kann man nur, wenn der „wahre" Sachverhalt bekannt ist. Das Gericht, der Richter entscheidet einerseits aufgrund seiner allgemeinen Lebenserfahrung und/oder – als Fachgericht mit besonderen Kenntnissen (wie z.B. sie ein Landwirtschaftsgericht besitzt) – und andererseits aufgrund der Sachdarstellungen, welche die Parteien als den „wahren" Sachverhalt vortragen. Dabei ist der Richter oder das Gericht ein „Schreibtischtäter post festum", jemand also, der beim tatsächlichen Geschehen nicht beteiligt war und davon erst im nachhinein und das meiste nur aus den (schriftlichen[12]) Akten erfährt. Dem Umstand, dass nicht die eine Seite eine völlig falsche Sachdarstellung liefern kann, trägt die Maxime, dass beide Seiten gehört werden müssen (*audiatur et altera pars,* vgl. oben 3.3) Rechnung. Es wäre allerdings naiv anzunehmen, dass dies zwangsweise zu einer ausgewogenen, korrekten und vollständigen Sachverhaltsdarstellung für das Gericht führt. Diether von Rechenberg[13] spricht von mindestens fünf (5) Wahrheiten im Prozess: jener der beiden Parteien, der jeweiligen ihrer beiden Rechtsvertreter sowie schliesslich derjenigen des Gerichts.

Tatsächlich muss die Liste erheblich erweitert werden, zunächst bezüglich des „mitwirkenden Personals": schon im gewöhnlichen Zivilprozess spielt häufig auch die Sachdarstellung Dritter (z.B. Zeugen, Experten) eine grosse Rolle. Noch wichtiger sind aber die folgenden Faktoren, denen sämtliche Beteiligte (einschliesslich des Gerichtes) unterworfen sind:

---

12   Natürlich finden sich in den Gerichtsakten auch gelegentlich Gegenstände, Tonbänder oder Bilder (Pläne, Zeichnungen, Fotografien etc.); ihre Bedeutung ist aber gegenüber dem beschriebenen Wert marginal.
13   Diether von Rechenberg: Die Fragwürdigkeit des richterlichen Urteils, Schweizerische Juristenzeitung, 1987, 389 ff. (391).

a) Wahrnehmung

Wir wissen mittlerweile sehr gut, wie selektiv und subjektiv die menschliche Wahrnehmung ist, d.h. beim besten Willen werden die Beteiligten nie das Gleiche und nie alles, was wirklich verfahrensrelevant sein könnte, wahrnehmen. Dazu kommen bewusste und unbewusste, zugestandene und verschwiegene Wahrnehmungsfehler (sich verhören, Schwerhörigkeit, Kurzsichtigkeit, Blendung, um nur einige Beispiele zu erwähnen).

b) Wiedergabekompetenz

Am einfachsten ist dieses Problem am Beispiel des fremdsprachigen Zeugen zu exemplifizieren: Hat er die Frage des Richters überhaupt verstanden? Kann er die Frage in seiner Muttersprache überhaupt beantworten (oder fehlen dort z.B. gewisse Begriffe)? Welche Rolle spielen Übersetzer? Tatsächlich gelangt aber jeder Mensch relativ schnell an die Grenzen seiner Ausdrucksfähigkeit, wenn er z.B. ein komplexes Geschehen aus einem ihm nicht vertrauten Lebensbereich schildern muss.

c) Wiedergabewillen (und -widerwillen)

Niemand belastet sich gerne und niemand ist gezwungen, sich selber zu belasten (auch das ist ein sehr alter Grundsatz des rechtsstaatlichen Verfahrens; in der lateinischen Fassung: *nemo tenetur se ipsum accusare*). Dass die Sachdarstellungen der Parteien (und ihrer Rechtsvertreter) „gefärbt" oder „geschönt" sind, ist zu erwarten[14]. Das gleiche gilt aber auch für jene der beteiligten Dritten (Zeugen, Experten) und schliesslich auch des Gerichtes, wobei hier wahrscheinlich mehr unbewusste Einflüsse mitspielen als bei den Parteidarstellungen.

Fazit ist, dass die „reine Wahrheit, die ganze Wahrheit und nichts als die Wahrheit" im juristischen Prozess höchst selten vorkommt; sie hat nur dort Stimme und Gewicht, wo es gelingt, sie in den Formen des

---

[14] Man kann das Gleiche auf viele Arten sagen. Vgl. dazu auch Raymond Queneau: Stilübungen, Frankfurt a.M. 1996; das Original – Exercises de style – erschien 1947 bei Gallimard. Queneau erzählt darin 99 Mal die gleiche kleine Geschichte – jedes Mal überraschend neu.

rechtlichen Verfahrens zu beweisen. Aus den Äusserungen der in einem Verfahren mitwirkenden Personen entsteht nur eine massgebliche (aber deswegen nicht „wahrere") Sachverhaltsdarstellung, die ein unbeteiligter Beobachter (in seinen eigenen kognitiven Grenzen) u.U. oft genug mit Recht für völlig falsch halten müsste. Die sachgerechte Entscheidung scheitert daher sehr oft schon an der nicht sachgerechten Darstellung des Geschehens. Je näher diese aber an der „objektiven" Wahrheit liegt, desto grösser ist die Chance, dass die darauf basierende Entscheidung nicht (allzu) ungerecht ausfällt; eine Garantie dafür ist es aber nicht. Erst jetzt stellen sich weitere wichtige Fragen: ist das Gesetz so gut, dass es eine sach-gerechte, besser: den beteiligten Menschen gerecht werdende Entscheidung erlaubt und – last but not least – ist das Gericht bemüht, den Fall *gerecht* zu entscheiden, oder begnügt es sich damit, den Streit *irgendwie* zu Ende zu bringen?

3.9 Recht haben und Recht bekommen

3.9.1 Bloss zu wissen, dass man im Recht und der andere im Unrecht ist, schafft noch kein Recht und beseitigt kein Unrecht. Oft muss man sich sein „gutes Recht" mühsam erstreiten. Nach dem berühmten Juristen Rudolf von Jhering ist „alles Recht in der Welt erstritten worden. … Darum führt die Gerechtigkeit, die in der einen Hand die Wagschale hält, mit welcher sie das Recht abwägt, in der anderen das Schwert, mit dem sie es behauptet. Das Schwert ohne die Wage ist die nackte Gewalt, die Wage ohne das Schwert die Ohnmacht des Rechts." (Der Kampf um's Recht, 1872). Oder wie es im Volksmund heisst: „Wo kein Kläger, kein Richter". Wenn mir jemand ein Darlehen nicht zurückzahlt, muss ich ihn verklagen, um zu meinem Recht auf Rückzahlung des geliehenen Geldes zu kommen.

3.9.2 In einem solchen Verfahren kommt es dann zum „Streit der Wahrheiten" (vgl. oben 3.8). Was, wenn der Empfänger nun plötzlich behauptet, ich hätte auf die Rückzahlung verzichtet und ihm das Geld geschenkt? Wie kann ein Aussenstehender – der Richter – wissen, wer von uns beiden die Wahrheit sagt? Er kann es nur, so weit ihm dies in den Formen des juristischen Prozesses – genauer: im sogenannten Beweisverfahren – plausibel nachgewiesen wird, d.h. so, dass er sich eine Überzeugung bilden kann, wem nun das Recht gegeben werden soll, welches beide Parteien zu haben behaupten. Rechte (i.S. von Ansprüchen – wie z.B. das Recht, geschenktes Geld nicht mehr zurück geben zu müssen) finden nur dann und nur soweit rechtlichen Schutz, wie sie bewiesen werden können.

3.9.3 Umgekehrt darf im Rechtsstaat niemand bestraft werden, dem nicht nachgewiesen werden kann, dass er eine strafbare Tat begangen hat. Mit der Unschuldsvermutung (im Zweifel für den Angeklagten, in dubio pro reo) nimmt das Recht in Kauf, dass Straftäter ungeschoren davon kommen, nur weil es nicht gelingt, ihnen ihr Verbrechen nachzuweisen. Dahinter steht die Überlegung, dass es für den Rechtsfrieden besser ist, wenn ein Täter unbestraft bleibt, als dass ein Unschuldiger bestraft wird. Allerdings ist das äusserst unbefriedigend für die Opfer einer ungeahndeten Straftat, die den Täter vielleicht sogar kennen (oder das zumindest glauben), ihn aber nicht zu fassen bekommen.

Um zu verhindern, dass dies nicht (oder nicht allzu oft) geschieht, ist der Staat gefordert, die nötigen Mittel (Polizei, Gerichte, Gefängnisse) zur Verfügung zu stellen. Tut er das nicht, privilegiert er die Straftäter zu ungunsten von deren Opfern. Auch hier gilt: ein Rechtsstaat, der diesen Namen verdient, hat seinen Preis. Aber auch im sogenannten Leistungsstaat – bei der Verteilung von Subventionen, Stipendien etc. – erhält man das einem „rechtmässig Zustehende" nur, wenn man es beantragt, bzw. sich dagegen wehrt, wenn eine Zuteilung falsch (zu niedrig oder zu spät) erfolgt.

3.9.4 Recht kann man also haben, ohne es zu bekommen, weil man es nur bekommt, wenn man sich dafür einsetzt. Recht setzt somit mindestens drei Dinge voraus:

– Rechtsregeln
– einen Rechtsapparat, der für die Einhaltung der Regeln sorgt und
– mündige Bürger, die sich für ihr Recht wehren.

3.10 Dimensionen des Rechts

Recht kann als mehrdimensionaler Raum mit den drei Dimensionen Menschen, Sachen, Ordnung beschrieben werden, die universell verwendbar sind:

Auf der „Menschen-Koordinate" heissen die Pole *Individuum und Gemeinschaft*, auf der „Sachen-Koordinate" *Sachen und Zuordnungen*, auf der „Ordnungs-Koordinate" *Strukturen und Verfahren*.

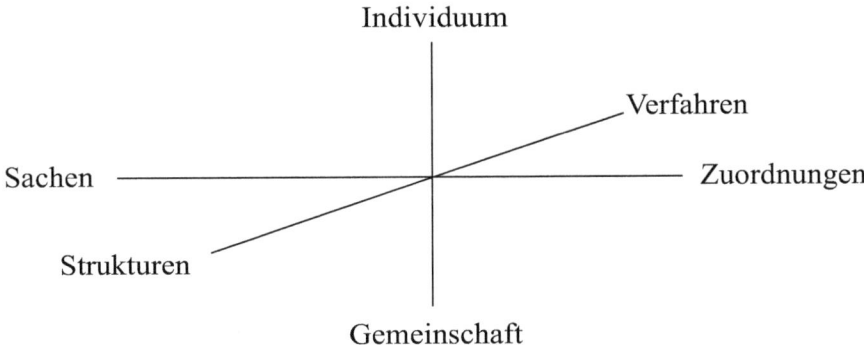

3.10.1 Individuum-Gemeinschaft

In diesem Spannungsfeld liegen die Fragen der Zugehörigkeit, der Ausschliessung und der Nachfolge. D.h. also z.B. die keineswegs selbstverständlichen Fragen, wer, ab wann und wie lange überhaupt ein Mensch i.S. des Rechts ist. Weiter die Fragen der Zugehörigkeit zu einer Familie, zu einer anderen Person oder zu einem Staat, aber auch die Fragen der Ausschliessung durch Verbannung, Entzug des Bürgerrechts, Einschliessung (als Ausschliessung) oder gar durch die Todesstrafe. Als drittes gehören hierher die Nachfolgefragen, wobei – historisch gesehen – die Statusfolge weit wichtiger ist als die blosse Vermögensnachfolge, auf die sich das Erbrecht westlichen Zuschnitts weitgehend beschränkt.

3.10.2 Sachen-Beziehungen

Was überhaupt sind Sachen (Rechte), die „verkehrsfähig" sind – und was ist dem Rechtsverkehr als nicht verkehrsfähige Sachen *(res extra commercium)* entzogen: z.B. ein Leichnam, einzelne Organe? Was sind nicht greifbare, unkörperliche immaterielle Rechtsgüter (intangibles) wie z.B. das Urheberrecht einer Autorin oder eines Komponisten? Was, wieviel wird für wie lange wem zugeordnet? Welche Dinge können wem unter welchen Umständen durch rechtmässige Umverteilungen oder Enteignungen weggenommen werden? Besteht nur eine Beziehung zu einer Person oder sind es mehrere (oder gar die Allgemeinheit), die ein Gut zu gleichen Teilen oder in unterschiedlichem Ausmass beanspruchen dürfen? Wer kann sich mit wem und wie zu gemeinsamen Unternehmungen, zu einer juristischen Person verbinden?

3.10.3 Strukturen und Verfahren

Mittels Strukturen und Verfahren versucht das Recht, diese Fragen zu ordnen: Strukturen klären Zuständigkeiten (für die Regelsetzung wie für die Anwendung dieser Regeln) und limitieren die Macht durch Verteilung der Kompetenzen auf verschiedene Organe mit je eigenem hierarchischen Abstufungen. Verfahrensregeln sorgen für eine (möglichst) vorhersehbare und nachvollziehbare Lösung individuell-konkreter Probleme. Rechtsmittel gestatten eine Überprüfung der Ergebnisse in einer weiteren Instanz.

a) *Rechtsstrukturen* sind (fast immer) hierarchisch aufgebaut: In der Rechtssetzung gibt es die Hierarchie der Gesetzgeber auf den Stufen Gemeinde, Kanton, Bund (mit dem Grundsatz: Bundesrecht bricht kantonales Recht). In der Rechtsprechung vor Gerichts- oder Verwaltungsbehörden gibt es in den meisten Verfahren eine untere und eine obere Instanz auf kantonaler Ebene, mit der Möglichkeit eines Weiterzuges (unter bestimmten Bedingungen) an eine Bundesbehörde als letzte Instanz (z.B. Bundesgericht oder Bundesrat).

b) *Rechtsverfahren* folgen bestimmten Maximen und Prinzipien. Im *Zivilrecht* sind die wichtigsten:

- Die *Dispositionsmaxime* besagt, dass jeder frei über ihm zustehende Rechte verfügen kann, d.h. er kann nicht gezwungen werden, sie gegen seinen Willen oder zu einem anderen Zeitpunkt, als er möchte, geltend zu machen: Wo kein Kläger, kein Richter.
- Die *Verhandlungsmaxime* gilt im Zivilprozess, d.h. im Streit zwischen Bürgern über die Klärung der zwischen ihnen bestehenden Rechtsbeziehungen. Danach ist es Sache der Parteien, dem Gericht die dem Rechtsstreit zugrunde liegenden Tatsachen vorzulegen und sie zu beweisen (vgl. oben 3.9.2); nur darüber entscheidet das Gericht, während es die einschlägigen Rechtsbestimmungen dann von Amtes wegen auf diese Fakten anwendet (oder wie die Römer sagten: *Da mihi facta, dabo tibi ius*).
- Gegenstück zur Dispositionsmaxime ist die *Offizialmaxime*, d.h. die Parteien können nicht allein über den Streitgegenstand verfügen. Sie ist gekoppelt mit der *Untersuchungsmaxime*, wonach auch die Fakten für die Entscheidung vom Gericht von Amtes wegen gesammelt werden. Ein wichtiger Anwendungsbereich dieser Maximen liegt z.B. im Familienrecht (Eheprozesse, Abstammungs- und Vormundschaftsverfahren).

Im *Strafrecht* gelten u.a. folgende Prinzipien:

- Das *Offizialprinzip* besagt, dass grundsätzlich jeder, der ein Delikt i.S. des Strafrechtes begangen hat, von den staatlichen Behörden verfolgt und verurteilt werden soll. Die Rechtssicherheit verlangt, dass kein Delikt ungesühnt bleibt. Allerdings gibt es davon Ausnahmen bezüglich weniger schwerwiegender Delikte, die nur auf Antrag verfolgt werden.
- Gemäss dem *Legalitätsprinzip* sind die Untersuchungs- und Anklagebehörden verpflichtet, die Verfolgung aufzunehmen und Anklage zu erheben, sofern ausreichende Verdachtsgründe für eine Straftat bestehen.

– Eingeschränkt wird es durch das *Opportunitätsprinzip*, demzufolge unter gewissen Umständen – z.B. bei blossen Bagatellen – auf eine Strafverfolgung verzichtet werden kann.

– Nach dem *Akkusationsprinzip* sind die Rollen von Ankläger und Richter klar zu trennen (anders als im sogenannten Inquisitionsprozess) und auch im Strafprozess gilt dementsprechend, wo kein Kläger, da kein Richter, d.h. ohne formelle Anklage kann niemand zu einer Strafe verurteilt werden.

– Das *Immutabilitätsprinzip* bestimmt weiter, dass die Anklage auch das Thema des Verfahrens (und damit des späteren Urteils) fixiert. D.h. ist die Anklage einmal eingereicht, muss darüber ein Prozess geführt und ein Urteil gefällt werden[15].

3.11 Recht als Text

3.11.1 Juristen sind (vor allem) „Schreibtischtäter", d.h. sie befassen sich hauptsächlich mit Texten, mündlichen (in Gerichtsverhandlungen), weit häufiger aber mit schriftlichen (Akten). Daraus ist eine eigene juristische Lehre über den Umgang mit bzw. die Auslegung von Texten entstanden; „klassisch" sind die Methoden der grammatikalischen, historischen, systematischen und teleologischen Auslegung.

Vor allem die grammatikalische Methode – die Suche nach dem Sinn der Gesetze in deren Wortlaut – ist aus linguistischer Sicht zumindest revisionsbedürftig. Denn Bedeutung ist nicht etwas, was Worten eindeutig und unzweifelhaft entnommen werden kann, sondern das Ergebnis ihrer Verwendung in konkreten Kommunikationssituationen und -Zusammenhängen. „People not words have meaning" (Robert G. King).

---

15 Die hier dargestellten Prinzipien gelten grundsätzlich im kontinental-europäischen Strafprozess, der sich ganz wesentlich vom angelsächsischen Verfahren (das vor allem über Hollywood weltweit bekannt geworden ist) unterscheidet. Das englisch-amerikanische Strafrecht lässt Absprachen zwischen Angeklagten und Strafverfolgungsbehörden zu, welche den Gang des Verfahrens, aber auch das Urteil in einer Art und Weise beeinflussen können, welche nach kontinental-europäischem Rechtsverständnis nicht rechtmässig wären.

3.11.2 Dazu kommt, dass mit der Allgegenwart der Mobiltelefone eine „zweite Mündlichkeit" zu beobachten ist, d. h. im gesellschaftlichen und rechtlich relevanten Verkehr werden immer mehr – auch sehr bedeutende Geschäfte – nur noch mündlich abgeschlossen, was im Streitfall grosse Beweisprobleme verursachen kann.

Neue noch nicht in allen Details geklärte Probleme ergeben sich auch bezüglich der rechtlichen Bedeutung bloss elektronischer Korrespondenz (e-mail, SMS, MMS etc.) und der Verbindlichkeit „elektronischer Unterschriften".

Schliesslich ist auch ein Vormarsch von bildlichen Kommunikationsformen im Recht zu beobachten, wie z. B. Warnhinweise auf Kinderspielzeugen oder an Gebäuden, die nicht mehr als Text, sondern als Piktogramme dargestellt werden, oder der Einkauf im elektronischen Warenhaus, wo die feil gebotenen Gegenstände im Bild dargestellt und über einen Touch-Screen per Fingerdruck gekauft werden können. Längere Erfahrungen mit „Bildern" (in einem weiten Sinne) hat das Recht eigentlich nur mit Verkehrszeichen (die einen ganzen Paragrafen des Strassenverkehrsrechtes visualisieren können) und Planzeichnungen im Bau- oder Planungsrecht.

3.11.3 Mit anderen Worten: die Kommunikationsstruktur des Rechts, die (zu) stark auf die Schrift (und fast nur auf die Schrift) ausgerichtet ist, wird durch die neuen technischen Möglichkeiten und das geänderte Kommunikationsverhalten gezwungen werden, sich diesen neuen Entwicklungen anzupassen.

Das angewandte Recht, das was wir im Alltag als das sogenannte Rechtsleben erfahren, ist nun Gegenstand einer Wissenschaft, der Rechtswissenschaft. Bei genauerer Betrachtung handelt es sich dabei um ein Bündel von sogenannten Bindestrich-Wissenschaften, die sich mit verschiedener Fragestellung und verschiedenen Methoden mit dem Phänomen „Recht" auseinandersetzen: Rechts-Philosophie, Rechts-Theorie, Rechts-Tatsachenforschung, Rechts-Geschichte und Rechts-Vergleichung sowie Rechtsdogmatik (die – als einzige – keine „Bindestrich-Disziplin" ist).

3.12 Recht und Rechtsphilosophie

„Die Philosophie ist (gemäss Isaac Newton) eine derart unverschämt streitsüchtige Dame, dass man sich ebenso gut vor den Gerichten herumschlagen kann als sich mit ihr einzulassen…" Ist *Rechtsphilosophie*, die sich von ihrer Aufgabe her schon im Bannkreis der Gerichte bewegt, nun eine gesteigerte Form der Streitsucht? Kant hat vor über 200 Jahren festgestellt, „noch suchen die Juristen eine Definition zu ihrem Begriffe vom Recht". Und in der Tat – so viele Rechtsphilosophen, so viele Begriffe. Bei Bernd Rüthers (Rechtstheorie, 1999) liest sich das so: „Zahllose Juristen und Philosophen haben sich an der Definition des Rechtsbegriffs versucht. Er ist umstritten geblieben … An einem einheitlichen von der ganzen Rechtswissenschaft akzeptierten Rechtsbegriff fehlt es also". Sind wir damit schon am Ende der Rechtsphilosophie – oder wäre ein möglicher Anfang gerade der, dass die streng begriffliche Fassung des Arbeitsgebietes vielleicht nicht die wichtigste Aufgabe ist? Gegenstand der Rechtsphilosophie ist das Recht einer sich schnell und schneller wandelnden lokalen, nationalen, internationalen und globalen Gesellschaft. Begriffliche Sicherheit ist vor diesem Hintergrund ein unerfüllbares Desiderat, weshalb wir uns vielleicht besser an Bertrand Russel halten sollten: „Uns zu lehren, wie wir mit Unsicherheit umgehen können, ohne uns durch Unschlüssigkeit lähmen zu lassen, ist vielleicht das Wichtigste, was die Philosophie auch heutzutage noch für diejenigen tun kann, welche sie studieren".

Rechtsphilosophie versucht nun bei aller Unsicherheit grundlegende Fragen – wie z.B. wie legitimiert sich Recht, ein Rechtssetzer, ein Rechtsanwender überhaupt oder was ist ein Recht (als Anspruch), wer ist Rechtssubjekt? usw. – zu klären (und bezogen auf bestimmte soziale Gegebenheiten auch zu beantworten). Dabei stellt sich unausweichlich auch die Wertfrage: welche Werte soll das Recht verfechten oder einfordern, welche sind unabdingbar, dass überhaupt von Recht die Rede sein kann?

3.13 Rechtstheorie

Die *Rechtstheorie* – die Grenze zur Rechtsphilosophie ist durchlässig und unscharf – versucht dagegen eher, formale Strukturen und die „Technik" der Abläufe im Recht zu verstehen. Sie versucht in Denkmodellen das Funktionieren des Rechts zu erfassen, Fehlfunktionen zu erklären, mittels Prognose und Folgeabschätzung bessere Modelle für die Zukunft zu entwickeln. Legitimation ist dann u.a. auch die Folge der überlegen, besser funktionierenden Neuordnung. Besonders wichtig ist dabei, besser zu verstehen, was wir bewirken – und unter Umständen: anrichten – wenn wir Recht setzen und anwenden. D.h. auch die Rechtstheorie versucht wie die Rechtsphilosophie, Unsicherheiten nach Möglichkeit zu reduzieren, vor allem aber auch, sichtbar werden zu lassen, auf welch dünnem Eis wir uns bewegen. Zur Warnung sei nochmals an das bereits erwähnte Beispiel mit dem Rechts- oder Linksfahren erinnert (vgl. oben 2.1.6)[16].

3.14 Rechtstatsachenforschung

Rechtstatsachenforschung ist im Idealfall eine rein beschreibende Disziplin, die das Recht so darstellt, wie es „von aussen" beobachtet werden kann. Der dafür oft auch verwendete Begriff *Rechtssoziologie* fasst (abkürzend) zusammen, dass die Rechtstatsachenforschung grundsätzlich alle (tauglichen) Methoden der Sozialwissenschaften anwenden kann, um ihren Gegenstand möglichst genau zu erfassen. Dabei werden als Hauptschwerpunkte die Entstehung des Rechts (genetische Rechtssoziologie) und die Wirkungen des Rechts (operationale Rechtssoziologie) untersucht. Aber auch als (möglichst) rein beschreibende oder beobachtende Disziplin garantiert die Rechtstatsachenforschung

---

[16] Man hüte sich aber vor monokausalen Erklärungen; diese Untersuchung allein dürfte kaum die weltweite Umstellung auf den Linksverkehr rechtfertigen. Sie soll und muss aber im Sinne einer kritischen Betrachtung des allzu Selbstverständlichen hellhörig machen.

nicht ohne weiteres auch „Objektivität". Heinz von Foerster (Kybern-Ethik) hat dazu folgendes bemerkt: „Objektivität erfordert, dass die Eigenschaften des Beobachters nicht in die Beschreibung des Beobachteten eingehen. Ich frage mich, wie das vor sich geht. Ohne ihn gäbe es doch weder eine Beschreibung noch eine Beobachtung". Oder in der Formulierung von Paul Feyerabend (Wider den Methodenzwang): „Bei genauerer Untersuchung stellt sich sogar heraus, dass die Wissenschaft überhaupt keine ‚nackten Tatsachen' kennt, sondern dass alle ‚Tatsachen', die in unsere Erkenntnis eingehen, bereits auf bestimmte Weise gesehen und daher wesentlich ideell sind".

3.15 Recht im Zeit- und Raumvergleich

Rechtsgeschichte und *Rechtsvergleichung* sind eigentlich auch Disziplinen der Rechtstatsachenforschung, indem bei der ersten das Recht in seiner zeitlichen Entwicklung, bei der zweiten im räumlichen Vergleich untersucht wird. Beide zusammen erschliessen den Fundus dessen, was weltweit und in allen (uns bekannten) Zeiten an rechtlichen Lösungen für die Probleme auf den erwähnten „universalen" Koordinaten des Rechts (vgl. oben 3.10) gefunden und angewendet wurde. Die Rechtsgeschichte hat den Vorteil, dass wir die Folgen einer Regelung ziemlich genau erkennen können (soweit wir genügend Wissen über die gesamten Umstände haben). Rechtsvergleichung kann quasi grossangelegte Sozialexperimente (im eigenen Land) ersetzen, wobei ausländische Regelungen immer nur mit grösster Vorsicht in eine andere Rechtsordnung, die einer anderen Kultur angehört, übertragen werden sollten.

3.16 Rechtsdogmatik – das „Kerngeschäft"

Die *Rechtsdogmatik* schliesslich befasst sich mit der technisch richtigen Anwendung des hier und heute geltenden Rechts (des sogenannten positiven Rechts). Sie ist in diesem Sinne die „reinste" Form einer rechtswissenschaftlichen Disziplin, hier sind die Juristen unter sich. Dementsprechend arbeiten sie auch mit eigens für juristische Zwecke entwickelten Techniken, so z.B. einer eigenen juristischen Auslegungsmethode, während diese – aus der Sicht der Rechtstheorie – längst anhand oder im Vergleich zu den Methoden der philosophischen Hermeneutik und/oder der Linguistik überarbeitet werden müsste.

Die klassische Dogmatik gliedert das Recht in die Hauptgebiete öffentliches Recht und privates Recht, wobei das erstere das Verhältnis der Bürger zu Staat, das letztere die Beziehungen zwischen den Bürgern regeln soll. Dementsprechend gilt im öffentlich Recht der Grundsatz der Subordination (des Bürger unter die staatliche Gewalt), im Privatrecht dagegen der Grundsatz der Kooperation und Koordination gleichberechtigter Bürger. Typische Beispiele aus dem öffentlichen Recht sind das Strafrecht oder das Steuerrecht (bezeichnenderweise spricht man hier von der Strafhoheit bzw. der Steuerhoheit des Staates). Klassisches Beispiel für das Privatrecht ist das Vertragsrecht (z.B. das Kaufrecht). Rechts-tatsächlich ist festzustellen, dass sich die Grenzen zu verwischen beginnen und z.B. vertragsrechtliche Elemente in den Strafprozess einfliessen (Aushandeln der Anklage zwischen Staatsanwalt und Verteidiger), während umgekehrt immer mehr „hoheitliche" Vorschriften in bestimmte Gebiete des Privatrechts einfliessen (wie z.B. das Arbeitsrecht oder das Mietrecht), die heute als Mischformen zwischen den beiden grossen Rechtsgebieten zu sehen sind.

3.17 Viele Wege führen nach Rom ...

Alle diese „Wege zum Recht" verfolgen ein ganz zentrales Ziel: Wo Menschen zusammen leben, braucht es eine Ordnung, die umso komplexer ist, je mehr Menschen miteinander den gleichen Raum, die gleichen Ressourcen teilen müssen.

Darüber hinaus hat sich – zumindest in der westlichen Theorie – die Überzeugung von der Gleichwertigkeit aller Menschen durchgesetzt. Recht ist – im Idealfall – eine Ordnung, welche die Gleichwertigkeit aller Menschen respektiert. Ebenso hoch wird die Bedeutung von Autonomie des Einzelnen, d.h. der Freiheit gegenüber

Fremdbestimmungen, eingeschätzt; auch dieser Idee – soviel Freiheit wie möglich, so wenig Zwang wie nötig – hat eine ideale Rechtsordnung zu entsprechen. Und last but not least – in rechtsgeschichtlicher Perspektive sogar am Anfang – steht die Aufgabe, den Rechtsfrieden zu sichern. Auch in einer optimal auf Gleichwertigkeit und Freiheit ausgerichteten Rechtsordnung leben Menschen aus Fleisch und Blut, die sich – beabsichtigt oder unbeabsichtigt – in die Quere kommen können und sich streiten. Der Rechtsprozess öffnet besondere Räume, in welchen derartige Streitigkeiten in zivilisierter Art und Weise ausgetragen und – was besonders wichtig ist – irgendwann definitiv abgeschlossen werden können.

> Das Recht ist nichts Anderes
> als das ethische Minimum.
>
> Georg Jellinek

4. Moral und Ethik – Moral und Recht

4.1 Eine Typologie der Ethik

Moral und Ethik verhalten sich analog wie Recht und Rechtswissenschaft: Moral als die Gesamtheit der in einer bestimmten Gemeinschaft geltenden moralischen Verhaltensregeln, die über „gut und böse", „richtig oder falsch" des Verhaltens entscheiden („Praxis"), steht der Ethik als Wissenschaft („Theorie") gegenüber, die diese Verhältnisse untersucht.

Als beschreibende „Moral-Tatsachenforschung" erfasst sie die geltenden Standards (auch hier wieder im Hinblick auf ihre Entstehung – genetische Ethik – oder auf ihre Auswirkungen – operationale Ethik, vgl. oben 3.14), während sie als philosophische oder theoretische Ethik (auch hier ist die Grenze unscharf, vgl. oben 3.13) Kriterien zur Bewältigung der ursprünglichen Unsicherheit zu entwickeln sucht: Warum ist die Handlung A besser als Handlung B? Warum soll man (darf man?) in bestimmten Situationen trotzdem B tun? Konkret: Warum ist lügen moralisch verwerflich, obwohl unter bestimmten Umständen die wohlüberlegte Notlüge ein besseres Ergebnis (weniger Schaden) bewirkt? Gibt es überhaupt moralische Regeln, die immer, überall und ohne Vorbehalt einzuhalten sind? Woher stammen sie? Wie werden sie gerechtfertigt? In der Theorie werden diese Fragen wie folgt geordnet:

	teleologische Ethik (konsequentialistische Ethik)	deontologische Ethik (Pflicht-Ethik)
Handlungsethik	Die Folgen einer bestimmten Handlung sind massgebend für die ethische Beurteilung.	Entscheidend ist der gute Wille, in einer konkreten Situation ethisch „richtig" zu handeln, ohne Blick auf das (spätere) Ergebnis.
Regelethik	Die Folgen von Handlungen sind danach zu beurteilen, ob sie einer ethischen Regel entsprechen oder nicht.	Massgeblich ist das Bemühungen, einer ethischen Regel zu folgen, unabhängig vom Einzelfall und den sich daraus ergebenden Konsequenzen.

4.2 Ethik als Wissenschaft

Als Wissenschaft soll und muss Ethik mindestens vier Bedingungen erfüllen:

a) sie muss „offen" sein und zwar in zweifacher Hinsicht: zum ersten darf niemand von einem Diskurs ausgeschlossen werden, der ihn selber in irgendeiner Weise betrifft; zum zweiten gilt, dass jedes Argument grundsätzlich geprüft zu werden verdient (vgl. das Beispiel aus dem Strassenverkehr, oben 2.1.6);

b) ethische Begründungen müssen für die Teilnehmer einer Diskussion nachvollziehbar sein, d.h. sie dürfen nicht darauf beruhen, dass den anderen Teilnehmern zugemutet wird, irgendwelche „Wahrheiten" – z.B. religiöser Herkunft – unhinterfragt zu akzeptieren;

c) das Ziel einer ethischen Diskussion soll sein, eine allgemein-anwendbare Regel – für die Lösung des gestellten Problems oder für die Ordnung des Entscheidfindungsverfahren – zu finden oder eine konkrete Handlung oder Unterlassung (möglichst) unparteiisch zu beurteilen;

d) schliesslich soll die Argumentation auch „formal richtig", d.h. in sich schlüssig und widerspruchsfrei sein. Dabei ist zu warnen vor einer Überschätzung der Logik als Mittel zur Lösung von Zwangslagen, mit denen es gerade die Ethik sehr oft zu tun hat. Dilemmata lassen sich nur ganz selten „positiv" auflösen; oft bleibt nur herauszufinden, welches die weniger schlechte Lösung sein könnte[17].

---

17 Beides – das Dilemma-Problem wie die begrenzte Reichweite der Logik – war schon in der antiken Philosophie bekannt und Thema endloser Auseinandersetzungen. Zum ersten sei an das *Brett des Karneades* erinnert: Zwei Schiffbrüchige schwimmen auf eine Planke zu, die nur einen zu tragen vermag: wer von beiden soll gerettet werden? Zum zweiten: Protagoras bildete Euathlos als Gerichtsredner aus, ohne ein Honorar zu verlangen. Stattdessen wurde vereinbart, dass Euathlos sein „Schulgeld" erst bezahlen müsse, wenn er seinen ersten Prozess gewonnen hätte. Euathlos verzichtet aber darauf, das Gelernte anzuwenden. Kann Protagoras ihn erfolgreich auf Zahlung eines Honorars verklagen oder ist die Verteidigung von Euathlos, dass er dem Protagoras nichts schulde, logisch nicht genauso überzeugend?

4.3 Zur Legitimation moralischer Regeln

Wie das Recht (die Rechtswissenschaft) sieht sich die Ethik mit dem Paradox konfrontiert, dass sie sich selber nicht legitimieren kann (vgl. oben 3.5). Dazu kommen weitere Schwierigkeiten: anders als beim Recht ist der Anwendungsbereich der Moral nicht scharf umrissen – weder nach Personen, Raum oder Zeit, noch bezüglich der Entstehung der Moralregeln: Es fehlt die Instanz, die mit der gleichen Autorität wie ein Gesetzgeber oder ein Richter Regeln setzt, Entscheidungen fällt, bei denen klar umrissen ist, für welchen Personenkreis, in welchem Gebiet, ab wann und für wie lange sie gelten.

Diese fehlende „a priori-Legitimität" kann bei ethischen Entscheidungen nur dadurch gewonnen werden, dass
a) die Entscheidfindungsverfahren den oben genannten Bedingungen für wissenschaftliche Entscheidungen (vgl. 4.2) zu genügen versuchen, womit eine Art formale Legitimation gewonnen werden kann und
b) die so gefundenen Entscheidungen sich in der praktischen Anwendung bewähren, d.h. für die Betroffenen „gute" (oder zumindest vertretbare) Ergebnisse[18] zeitigen, was zu einer Art materialer Legitimation führen kann.

---

18 An dieser Stelle ist darauf hinzuweisen, dass die theoretische Abgrenzung zwischen einer deontologischen Pflichtethik – was zu tun ist, ist unabhängig von den Folgen zu tun (es ist *immer* verboten zu lügen) – und einer konsequentialistischen Folgenethik (bedenke die Folgen deines Tuns: die Notlüge kann jemanden retten, während die nackte Wahrheit ihn vielleicht ins Verderben stürzt) in der moralischen Praxis meist nicht so scharf ist: vielmehr kommt es z. B. darauf an, wie weit wir den Rahmen der Pflicht erstrecken (man darf nur Familienangehörige nie belügen, gegenüber Fremden ist es zulässig), bzw. wie weit wir die Untersuchungen auf die Folgen eines bestimmten Verhaltens ausdehnen (soweit wir das überhaupt können). Überhaupt: gegen die Gefahr, zu sehr an die Reinheit der Methode zu glauben, lese man Paul Feyerabend: Wider den Methodenzwang, Frankfurt a. M. 1986.

4.4 Recht und Moral – eine Übersicht

Die Gegenüberstellung von gelebter Moral und geltendem Recht ergibt nun folgendes:

	Moral	Recht
Entstehung	historisch gewachsen kein identifizierbarer Urheber	historisch gewachsen, aber bewusst gestaltet von einem Rechtssetzer (Gesetzgeber/Gericht)
	es gibt kein formalisiertes, nachvollziehbares Entstehungsverfahren für moralische Normen	das Entstehungsverfahren ist streng formalisiert und heute Gegenstand einer eigenen Disziplin (Gesetzgebungslehre)
Bekanntmachung	es gibt weder eine formalisierte Bekanntmachung noch eine verbindliche Sammlung moralischer Normen	Regeln und Entscheidungen werden systematisch veröffentlicht und in Sammlungen allgemein zugänglich gemacht
Geltung		
a) Personenkreis	der Personenkreis, auf den moralische Normen angewendet werden, ist nicht definiert	Rechtsnormen bestimmen den Personenkreis, auf den sie angewendet werden können
b) Ort	die moralische Norm folgt in der Regel der Person (auch ins Ausland)	Rechtsnormen gelten i.d.R. für klar definierte Gebiete
c) Zeit	ab wann, bis wann moralische Regeln gelten ist nicht bestimmt	Rechtsnormen enthalten ein Datum des Inkrafttretens und werden auf bestimmte Termine wieder aufgehoben
Abänderung und Aufhebung	von Moralnormen sind wie die Entstehung nicht geregelt	von Rechtsnormen erfolgen genauso in einem streng formalisierten Rahmen wie die Entstehung
Inhalt	keine klare Umschreibung von Tatbeständen	es wird möglichst genau geregelt und abgegrenzt, was z. B. ein Mundraub, eine Entwendung, ein Diebstahl oder ein Raub ist
Sanktionen	unvorhersehbares Spektrum möglicher Sanktionen (von der Ächtung bis zur Lynchjustiz)	Katalog mit im voraus bekannten, nach Art und Dauer umschriebener Sanktionen
Ausfällung von Sanktionen	ad hoc, anonyme „Gruppenjustiz"	in einem streng formalisierten Verfahren
Reversibilität	auch „falsche" Entscheidungen (z. B. Rufmord) sind nicht appellations- und revisionsfähig	es gibt formelle Verfahren, Entscheide zu überprüfen und zu korrigieren.

4.5 Zu den Vorzügen von Formalismen

Aus der Tabelle wird ersichtlich, dass es wichtig ist, als ethisch richtig Erkanntes in die Form von Rechtsnormen zu giessen. Dies nicht, weil die Moral waffenlos wäre – ihre Sanktionen sind oft viel einschneidender als die Sanktionen des Rechts –, sondern weil Moral in ihrer Durchsetzung wegen der mangelnden formellen Selbstbindung nur zu leicht selber zu moralisch nicht mehr vertretbaren Ergebnissen führen kann: „Die Moral errichtet ein höheres und fürchterlicheres Tribunal als das der Gesetze" (Antoine de Rivarol). Arthur Schopenhauer hat die Gebiete von Recht und Moral wie folgt abzugrenzen versucht: Verletze niemanden, vielmehr hilf allen, soviel du kannst (neminem laede, imo omnes quantum potes, iuva). Das Recht fordert uns also (nur) auf, das Böse zu lassen; Gutes zu tun ist eine Forderung der Moral.

Aus der moralischen Forderung der Anerkennung von Freiheit und Gleichberechtigung lassen sich die aus dem Recht heraus nicht zu begründenden Forderungen nach rechtmässigen Strukturen (Gesetzmässigkeit ist besser als Gesetzlosigkeit) und Verfahren (Rechtsfriede ist besser als endlose Streitigkeiten) quasi extern legitimieren.

Die Gegenüberstellung (in Ziffer 4.4) macht aber auch deutlich, dass die (allzu) oft geschmähte Förmlichkeit des Rechts zu den grössten Errungenschaften der abendländischen Kultur gehört. Sicher: das Recht garantiert keineswegs das Gute, aber es hält einiges an Bösem davon ab, uns zu hindern das Gute zu tun, das es (nach Erich Kästner) überhaupt nur dann gibt, *wenn* wir es tun.

5. Medizin, Recht und Ethik

5.1 Was ist wichtiger?

Theologie, Jurisprudenz und Medizin, das ist – nach Kant – die vernunftgemässe Rangordnung der Fakultäten. Dann fährt er aber fort: „Nach dem Naturinstinct hingegen würde dem Menschen der Arzt der wichtigste Mann sein, weil dieser ihm sein Leben fristet, darauf allererst der Rechtserfahrene, der ihm das zufällige Seine zu erhalten verspricht, und nur zuletzt (fast nur, wenn es zum Sterben kommt), ob es zwar um die Seligkeit zu thun ist, der Geistliche gesucht werden".[19]

Ob der Arzt tatsächlich der Erste in dieser Reihenfolge ist, darf bezweifelt werden, sucht man ihn doch (oft sogar zu spät) erst auf, wenn irgendetwas mit der Gesundheit (als subjektives Befinden) nicht mehr stimmt (unabhängig vom „objektiven" Befund des Arztes). Eine hohe Plausibilität hat dagegen Bertolt Brechts Diktum, dass das „Fressen vor der Moral kommt". Sicher ist, dass es einen Zusammenhang zwischen den Entscheidungen bei der Nahrungsaufnahme (essbar/nicht essbar) und den Geboten der Moral (gut/schlecht) gibt: Das allererste Verbot in der Bibel lautet: „Von allen Bäumen des Gartens darfst du essen, nur vom Baum der Erkenntnis von Gut und Böse darfst du nicht essen" (Genesis 2, 16/17). Und lernen nicht auch kleine Kinder Verbote zuerst in der Form der Unterscheidung des Essbaren vom Nicht-Essbaren kennen?[20]

---

19 Immanuel Kant: Der Streit der Facultäten (1794), I, Erster Abschnitt: Begriff und Eintheilung der oberen Facultäten.
20 Vgl. dazu Gisèle Harrus-Révidi: Die Kunst des Geniessens (Titel der französischen Originalausgabe: Psychoanalyse de la gourmandise), Düsseldorf 1996, 23 ff.; sie zitiert (auf S. 25) u. a. den Psychologen Paul Osterrieth, der von der Errungenschaft einer „Moral des Topfes" spricht.

5.2 Zur Historie des hippokratischen Eides

Das Wort *Medizin* leitet sich von der indoeuropäischen Wurzel *me-d* ab, die soviel wie „Rat wissen für jemanden" aber auch „den klugen und weisen Ratgeber" meint, dessen Rat sich ursprünglich keineswegs nur auf die physische Befindlichkeit des Ratsuchenden beschränkt, sondern den ganzen Menschen in und mit seinem Umfeld mit einbezieht. So gesehen erstaunt es wenig, dass die Heilpraxis – anders als das Recht oder die Moral – bis in die neueste Zeit keine eigene Meta-Wissenschaft entwickelt hat, die ihr Tun kritisch-wissenschaftlich hinterfragt. Medizinisches Tun wurde (und wird z.T. immer noch) als Hilfestellung für leidende Menschen durch kluge, weise Ratgeber als fraglos gutes Tun verstanden und akzeptiert, und zwar sowohl von den Patienten als auch den Medizinern selbst.

Nun – wird man einwenden – galten doch schon in der Antike die Verpflichtungen aus dem Eid des Hippokrates. Die Entstehung (um 450–370 v.Chr.) und Zuschreibung dieses Dokumentes ist ebenso unsicher wie seine praktische Bedeutung. So gibt es in der antiken Literatur viele Belege für moralische Beurteilungen, welche den Regeln des Hippokratischen Eides klar widersprechen.[21] Tatsächlich kann man den Hippokratischen Eid als eine (minimale) deontologische Regelethik (vgl. oben 4.1) lesen. Sie umfasst drei Behandlungsregeln bzw. -Verbote (keine Sterbehilfe, keine Abtreibungen, keine chirurgischen Eingriffe[22]) sowie drei Verhaltenspflichten im Umgang mit Patienten (nur zu ihrem Heil, nie aber zu ihrem Schaden tätig zu werden, keinen sexuellen Missbrauch von Patienten zu begehen und die Arzt-Patientenbeziehung als absolut vertraulich zu wahren). Demgegenüber steht eine eben-

---

21   Dem Abtreibungsverbot des Hippokrates steht eine weit verbreitete und tolerierte Praxis der Kindstötung gegenüber (vgl. z.B. Platon: Der Staat, 460 c 1 ff.; Aristoteles: Politik, 1335 b, 20); Hippokrates Ablehnung jeglicher Art von Sterbehilfe entspricht in keiner Weise der hohen Achtung, welchen in der Antike der Stelbsttötung von Leuten wie Cato oder Seneca entgegengebracht wurde (vgl. dazu Seneca: Briefe an Lucilius, Brief 70, Der freiwillige Tod).
22   Das Verbot der chirurgischen Eingriffe nährt die Zweifel an der Herkunft des Hippokratischen Eides, gibt es doch im Corpus der hippokratischen Schriften auch solche, in denen chirurgische Praktiken beschrieben werden: „Was die Arzneien nicht heilen, heilt das Messer".

falls schon in der Antike begründete teleologische (Handlungs-)Ethik, welche Platon (allerdings in anderem Zusammenhang) ausdrücklich am Beispiel der Heilkunst darstellt: „... deswegen ist auch die heutige ärztliche Kunst erfunden worden, weil der Leib mangelhaft ist und es ihm nicht genügt, das zu sein, was er ist. Um ihm nun das zu verschaffen, was ihm vorteilhaft ist, dazu ist die Kunst ausgebildet worden".[23]

Bis weit ins 19. Jahrhundert hinein waren die Handlungsmöglichkeiten der Medizin zur „Vorteilsverschaffung" sehr gering und hatte sie es überdies in der Regel nur mit individuellen Patienten zu tun; nebenbei bemerkt: meist mit reichen Leuten, die sich überhaupt einen Arzt leisten konnten. Dementsprechend gab es kaum eine ethische Diskussion, die wirklich über das im hippokratischen Eid und in der antiken Philosophie bereits Vorgegebene (beide in „christianisierter" Anpassung) hinaus gegriffen hätte.

5.3 Volks-Gesundheit als politisches Programm

Mit den grossen Pestepidemien des Spätmittelalters wurde die Bekämpfung von Krankheiten erstmals zur öffentlichen Aufgabe erklärt, zunächst der lokalen Behörden; mit dem Aufkommen grösserer staatlicher Verbände wurde immer mehr staatliche Gesundheitspolitik von oben betrieben. Dabei ging es nicht nur um die Hilfe an die kranken Bürgerinnen und Bürger, sondern vermehrt auch um die Erhaltung eines gesunden „Volkskörpers" im Wettbewerb der Nationen, Gesundheit wurde zur Bürgerpflicht: „Der Mensch hat die Pflicht, gesund zu sein. Nur so kann er den anderen helfen und wird er ihnen nicht zur Last fallen" (Tomas G. Masaryk, tschechischer Staatspräsident, 1918–1935).

Was aber als „gesund" gelten sollte, wurde mit dem Aufkommen von Rassentheorien wie jenen von Gobineau oder Thomas Henry Huxley[24] immer mehr Gegenstand politischer Diskussionen, die sich auf die

23   Platon: Der Staat, 341 e.
24   Joseph-Arthur Comte de Gobineau (Essai sur l'inégalité des races humaines, 1853) und Thomas Henry Huxley (The Aryan Question and Prehistoric Man, 1863) sind zwei der wirkungsmächtigsten Rassentheoretiker, denen im 19. und im frühen 20. Jahrhundert zahlreiche andere gefolgt sind.

Evolutionstheorie Darwins als wissenschaftliche Grundlage beriefen. Fast gleichzeitig – gegen Ende des 19. Jahrhunderts – wurde Krankheit im System der entstehenden Sozialversicherungen auch als Kostenfaktor wahrgenommen. In diesem Zusammenhang wurde die Medizin immer mehr zur gesellschaftlichen Macht, die in vielen Lebensbereichen nach ihren Kriterien „gesund" oder „krank" neue Ordnung schuf.

In der Katastrophe des Nationalsozialismus' verbanden sich die Ideen der Volksgesundheit und die der Ausmerzung minderwertigen Lebens, das nur Kosten verursacht.[25] Die Medizin wurde dabei weitgehend in den Dienst dieses menschenverachtenden Systems gestellt. Darüber hinaus haben sich tausende von Medizinern selber aktiv im Sinne dieser Ideen betätigt und die humanitäre Idee der Hilfe für leidende Menschen verraten.[26] Und unter bestimmten Bedingungen – Robert Jay Lifton spricht von „atrocity-producing situations" – kommt es leider immer wieder vor, dass medizinisches Personal sich an Folterungen von Gefangenen beteiligt, so z.B. im Irak oder in Guantanamo Bay.[27]

5.4 „Megatrends" in der Medizin

In der Zeit nach dem zweiten Weltkrieg sind es andere Entwicklungen, welche die Medizin immer weiter weg vom Helfen für das leidende Individuum geführt haben; zu nennen wären (ohne Anspruch auf Vollständigkeit):

a) Die (natur-)wissenschaftliche Ausrichtung der medizinischen Forschung, die einerseits immer mehr sehr spezifische (Teil-)Probleme erforscht, wobei sie die Ergebnisse umgekehrt mit möglichst

---

25 In der Tötungsanstalt Hartheim bei Linz wurde nach Kriegsende folgende Statistik gefunden: „Bis zum 1. September 1941 wurden desinfiziert: Personen 70'273 ... Bei einem durchschnittlichen Tagessatz von RM 3,5 ergibt sich hierdurch
1. eine tägliche Ersparnis von RM 245'955.50
2. eine jährliche Ersparnis von RM 88'543'980.00".
26 Vgl. dazu Till Bastian: Furchtbare Ärzte – Medizinische Verbrechen im Dritten Reich, München 1995.
27 Vgl. Robert Jay Lifton: Doctors and Torture, New England Journal of Medicine, July 29, 2004 / Volume 351: 415–416.

viel Datenmaterial statistisch abzusichern versucht: Zwischen seinem genetischen Zelldefekt und der statistischen Verteilung dieser Krankheit in der Gesamt(Welt-)Bevölkerung droht der individuelle Patient als Mensch verloren zu gehen.

b) Medizin – ursprünglich Hilfe bei und *gegen Krankheiten* – wird immer mehr als Garant *für Gesundheit* propagiert (von den Medizinern) und eingefordert (von den Patienten, aber auch von der Politik). Ausser Betracht fällt dabei (zu) oft, dass Gesundheit etwas sehr viel Umfassenderes ist als die blosse Abwesenheit eines klinischen Befundes und sehr viel mehr mit dem gesamten subjektiven Befinden von Menschen zu tun hat. Die technisch mögliche Bekämpfung „ungesunder" Symptome mit medizinischen Mitteln – z.B. durch Schlankheitspillen – löst in den wenigsten Fällen das zugrunde liegende Problem, das eben z.B. zu massiven Übergewicht führt.

c) Die demografische Entwicklung der westlichen Gesellschaften führt zu schnell eskalierenden Problemen im Bereich der Geriatrie, und zwar somatischer wie psychischer (Stichwort: Alzheimer) Erkrankungen, denen weder die derzeitigen Strukturen der Betreuung (Familien, Heime, Spitäler) noch der Finanzierung (Rentensystem, Krankenversicherung) gewachsen zu sein scheinen.

d) Die „Kommerzialisierung" des Gesundheitssektors[28] führt zwingend zu einer Ausweitung des Krankheitsbegriffes und der einzelnen Krankheitsbilder. Kommerzielle Unternehmen wollen (und müssen) wachsen: Geschäftsgrundlage für die pharmazeutische wie die medizin-technische Industrie ist die Krankheit. Mehr Wachstum bedingt daher entweder mehr Krankheiten (was sich z.B. durch

---

28 Die Rede vom Gesundheitswesen ist euphemistisch, irreführend und gefährlich: Euphemistisch ist sie deswegen, weil das sogenannte Gesundheitswesen hauptsächlich Krankheiten bekämpft (die Versicherungen heissen deshalb – vorläufig noch – zu Recht *Kranken*kassen). Sie ist irreführend, weil bei den Patienten der Eindruck entsteht, dass hier Gesundheit garantiert wird, wo doch vor allem Hindernisse beseitigt werden, welche der Gesundheit entgegen stehen, ohne aber Gesundheit gewährleisten zu können. Sie ist gefährlich, weil damit in vielen Bereichen eine Diskussion über Sinn oder Sinnlosigkeit medizinischer Massnahmen verhindert oder unterdrückt wird, weil an der Gesundheit keine Abstriche gemacht werden dürfen (obwohl es oft nur um die Streichung ineffizienter Mittel oder Verfahren der Krankheitsbekämpfung geht).

Veränderung von statistischen Parametern erreichen lässt) oder dass Ängste in der Bevölkerung geschürt werden, welche den vermehrten Absatz von Diagnose- und Vorsorgeprodukten erlauben, und zwar selbst für Krankheiten, für die es (noch) keine Therapie gibt.

5.5 Zauberlehrlinge

Angebot und Nachfrage ethischer Reflexion haben sich – meist ausgehend von konkreten Fällen wie folgt entwickelt (auch diese Liste ohne Anspruch auf Vollständigkeit):

a) Als direkte Folge der menschenverachtenden Experimente der Nazi-Ärzte können der Nürnberger Code betr. Experimente an Menschen (1947) und das Genfer Ärztegelöbnis von 1948 (eine säkularisierte Neufassung des hippokratischen Eides) gesehen werden (ihnen folgte 1964/1975 die Helsinki-Tokyo-Deklaration zur bio-medizinischen Forschung).

b) Mit der (damals neuen) Definition des Hirntodes eröffnete ein Komitee der Harvard Medical School 1968 die Diskussion über Fragen der Reanimation und Behandlung von Patienten in einem irreversibel vegetativen Status einerseits und die Voraussetzungen für die Organentnahme zu Transplantationszwecken andererseits.

c) 1971 verurteilte ein niederländisches Gericht die Ärztin Geertruida Postma zu einer symbolischen einwöchigen bedingten Gefängnisstrafe; sie hatte ihre unheilbar kranke Mutter aus Mitleid mit einer Spritze getötet. Dieser Fall kann als Auslöser einer weltweiten Diskussion über Fragen der Sterbehilfe betrachtet werden.

d) Der Fall der komatösen Karen Quinlan löste 1973 die Diskussion über die Autonomie von Patienten (und den Stellvertretungs-Kompetenzen ihrer Angehörigen) aus.

e) Die Geburt des ersten IVF-Kindes (Louise Joy Brown, geb. am 25. Juli 1978) hat die Reflexion über Erlaubtes und Unerlaubtes in der Reproduktionsmedizin angestossen.

f) Schon im Vorfeld der ersten Klonierung eines Säugetieres (am 23. Februar 1997 wurde bekannt gegeben, dass es gelungen war, aus dem Gewebe eines erwachsenen Tieres das Schaf Dolly zu klonieren) begann die weltweite Diskussion über die Möglichkeit der neuen Biotechnologien, die seit der Entdeckung der DNA-Struktur (1971) entwickelt worden waren.

g) Hinzu gekommen sind die seit Ende des letzten Jahrhunderts in allen westlichen Staaten immer drängender gewordenen Fragen der Rationalisierung, der Rationierung und der gerechten Verteilung der knappen Finanzmittel im „Gesundheitswesen". Dies vor dem Hintergrund der demografischen Entwicklung in einer überalternden Gesellschaft einerseits und den ungebremsten Weiterentwicklungen von teuren neuen Heilmitteln und -Methoden in der Pharmazie und Medizin-Technik andererseits.

Wie Zauberlehrlinge haben die Koryphäen der neueren Medizin immer mehr Dinge tun können (und sie auch getan), bei denen es auf die Fragen „darf man das?" und „soll man das?" weder in der Alltagsmoral noch in der herkömmlichen Ethik Antworten gab (und gibt).

5.6 Medizin-Ethik und Ethik-Typologie

Die Medizin-Ethik, die sich mit den eben aufgelisteten Problemen befasst, ist eine junge Disziplin, die nicht auf eine Jahrhunderte, ja Jahrtausende alte Überlieferung wie die Philosophie oder die Rechtswissenschaft zurück greifen kann. Aus dieser Sicht ist es sicher verfrüht, wenn ihr vorgeworfen wird, versagt zu haben bei der Entwicklung allgemein-gültiger Kriterien und Regeln für die Entscheidung, was denn nun medizinisch gut und was schlecht sei. Vielmehr ist hier eine Differenzierung nötig: Bei Fragen der Gesundheit (der Lebensqualität) von Menschen geht es im konkreten Einzelfall nach modernem westlichen Verständnis immer um höchstpersönliche Fragen der menschlichen Existenz. Eine deontologische Regelethik, die vom subjektiven Einzelfall abstrahiert, dürfte deshalb kaum zu akzeptablen Ergebnissen führen. Medizin ist in dieser Sicht – wie schon von Platon gesehen –

eine Kunst, den einzelnen Menschen das für ihre individuelle Gesundheit Vorteilhafte zu verschaffen (vgl. oben 5.2). Anerkennt man die Menschenwürde des Individuums, kann nur eine entsprechend auf das Individuum hin orientierte Ethik als angemessen bezeichnet werden.

Doch ist das natürlich nicht die ganze Wahrheit. Mit der Ausgestaltung des Medizinalwesens als öffentliche Aufgabe stellen sich tatsächlich (auch) Fragen, die nur unter einer deontoloischen Regelethik sachgerecht beurteilt werden können. Dazu gehören insbesondere Fragen, wie viele Mittel für das Krankheitswesen (vgl. oben Fn. 28) bereit gestellt werden sollen, wer und wie darüber verfügen darf, oder welche Art eines Medizinalwesens man haben will (eine Maximallösung oder eine – unter den gegebenen Umständen – „optimierte" Lösung) etc.

Nimmt man die beiden Extreme – deontologische Regelethik und individuell-teleologische Handlungsethik – ergibt sich folgende Übersicht:

Probleme	Fragen von allgemeiner Bedeutung	Entscheidungen in individuell-konkreten Einzelfällen
Ethische Zuständigkeit	deontologische Regelethik	teleologische Handlungsethik
Praktische Umsetzung	Gesetzgebung, welche die ethischen Vorgaben respektiert	Strukturen und Verfahren, die „individuell-konkrete" Entscheidungen zulassen, ohne dass es zu einer allein subjektiven Beliebigkeit führt.

5.7 Grenzfragen

Die Umsetzung eines solchen Modelles wirft verschiedene, nicht einfache Fragen auf; hier nur eine kleine Auswahl:

a) Wo liegt die Grenze, zwischen Fragen von allgemeiner Bedeutung und Entscheidungen (Makro-Ebene) von „nur" individuell-konkreter Tragweite (Mikro-Ebene)?

b) Gibt es zwischen den beiden Extremen eine „Meso-Ebene" von deontologischen Regeln, die auch im Einzelfall zu beachten sind, bzw. umgekehrt, ab wann wechselt „die Perspektive" zur teleologischen Entscheidung von Fragen, die von mehr als nur individueller aber noch nicht gesamtgesellschaftlicher Bedeutung sind (z. B. auf der institutionellen Ebene)?

c) Wer entscheidet, welcher Ebene ein Problem zugewiesen wird? Wie werden die Entscheidungen auf diesen Ebenen getroffen?[29]

d) Wie weit lässt sich das System „Medizinalwesen" von anderen Systemen abgrenzen, deren Einfluss auf die individuelle Gesundheit (als subjektives Befinden) nachgewiesenermassen sehr hoch ist (wie dies z. B. für Arbeit, Bildung oder Ernährung zutrifft)?[30]

e) Wie weit ist das Medizinalwesen selber „krankheitserzeugend"?[31]

5.8 Probleme der praktischen Umsetzung

Die Rechtswissenschaft wie die Medizin sind „praktische Disziplinen", die konkrete Entscheidungen im Alltag begründen und legitimieren müssen. Sobald sich die Ethik als Medizin-Ethik oder als Rechts-Ethik betätigt, ist sie dem gleichen „Leistungsdruck" ausgesetzt. Um im Hinblick auf diesen Praxisbezug von Medizin, Recht und Ethik überhaupt

---

[29] Hier geht es ganz offensichtlich um Legitimation und Limitation bzw. Verteilung von Macht innerhalb des Medizinalwesens. Gerade die völlig unübersichtliche Struktur des schweizerischen Krankheitswesen wirft auch ethische Probleme auf, bzw. es muss die Frage gestellt werden, ob man das nicht besser organisieren kann (oder will).

[30] Die Zusammenhänge zwischen Arbeitslosigkeit, schlechter Ausbildung oder Fehlernährung und ihren krankmachenden Auswirkungen sind offenkundig und z. T. auch schon sehr gut untersucht. Interessant sind auch die Zusammenhänge zwischen Gesundheit und dem Halten eines Haustieres; vgl. dazu Bruce Heady/Markus M. Grabka; The Relationship between Pet Ownership and Health Outcomes/German Longitudinal Outcome, 2004; die Studie kann über die Webside des Deutschen Instituts für Wirthschaftsforschung abgerufen werden (www.diw.de).

[31] Zum Problem der „manufactured medicolegal illnesses" vgl. Andrew Malleson: Whiplash and other Useful Illnesses, McGill-Queens University Press, 2002; Jörg Blech: Die Krankheitserfinder, Frankfurt a. M., 4.A. 2003.

eine vernünftige Diskussion über mögliche Lösungen führen zu können, sind im Folgenden einige Rahmenbedingungen zu untersuchen, nämlich wie beeinflussen die begrenzten Ressourcen Zeit, Wissen und Kosten eine ethische Diskussion über konkrete Probleme im Spannungsfeld von Recht und Medizin beeinflussen.

Anders als im idealen Diskurs sind in praktischen Entscheidungssituationen die Ressourcen Zeit, Wissen und Geld (aber auch andere wie z.B. Personal oder Raum) immer begrenzt. Eine ethische Diskussion, welche diese Begrenzungen im Hinblick auf die Beantwortung konkreter Alltagsprobleme ignoriert, setzt sich dem Vorwurf des Versuches mit untauglichen Mitteln, oder schlimmer noch: des Handelns wider besseres Wissen aus.

> Zeit ist Geld.
>
> Benjamin Franklin
>
> Ich weiss, dass ich nichts weiss.
>
> Sokrates

6. Zeit, Wissen, Kosten

Zunächst werden im Folgenden einige wichtige Aspekte von Zeit (6.1), Wissen (6.2) und Kosten (6.3) im Recht dargestellt, bevor gefragt wird, wie sich diese Faktoren auf eine bzw. in einer ethischen Diskussion auswirken (unten 6.4).

6.1 Zeit und Recht

6.1.1 Es soll hier nicht versucht werden, das Rätsel der Zeit zu lösen, das Augustinus wie folgt formuliert hat: „Was also ist die Zeit? Wenn niemand mich danach fragt, weiss ich's, will ich's aber einem Fragenden erklären, weiss ich's nicht". Hier geht es vielmehr darum, sich einige praktische Aspekte der Zeit zu vergegenwärtigen, welche im Bereich des Rechts eine Rolle spielen können:

6.1.2 Zunächst ist anzusprechen, was ich die *vergangenheitsbasierte Zukunftsbewältigung* im Recht nennen möchte. Der Erlass von Gesetzesnormen erfolgt aufgrund eines aktuellen und im besten Falle auch in die Zukunft extrapolierten Regelungsbedarfes. Die konkrete Anwendung eines solchen Erlasses folgt erst später (nach dessen Inkraftsetzung). Die tatsächlichen Verhältnisse entwickeln sich aber stetig (und in vielen Bereichen auch immer schneller) weiter, so dass der Erlass oft schon bald nicht mehr oder nur noch bedingt geeignet ist, seine Regelungsfunktion zu erfüllen. Das formale Rechtssetzungsverfahren (und der Gedanke der Rechtssicherheit) stehen zudem einer möglichst zeitgleichen Anpassung entgegen. Das Ergebnis ist, dass Erlasse in eine dynamischen Gesellschaft immer häufiger hinter der gesellschaftlichen Realität herhinken, die sie eigentlich regeln sollten; Beispiele dafür finden sich im Telekommunikations-Recht, aber vor allem auch bei den rechtlichen Regelungen der neuen biomedizinischen Errungenschaften.

6.1.3 In der praktischen Anwendung ergeben sich daraus verschiedene mögliche Konsequenzen

a) der Gesetzgeber verzichtet auf seine Regelungsfunktion überhaupt;

b) die mit der Anwendung der Gesetze beauftragten Exekutiv-Organe füllen die „Lücken" mittels Interpretation (Stichwort: der Richter als Gesetzgeber, Art. 1 Abs. 2 des Zivilgesetzbuches) oder

c) sie handeln und entscheiden in eigener Kompetenz auch ohne Berufung auf eine Gesetzesbestimmung und schliesslich:

d) der Gesetzgeber beschränkt sich darauf, statt inhaltlicher Vorgaben nur noch Rahmenbedingungen und Zielvorstellungen sowie entsprechende Verfahrensvorschriften aufzustellen, welche für die Betroffenen eines konkreten Falles verbindlich sein sollen, um so quasi „Gerechtigkeit durch Verfahren" zu garantieren.

Letzteres entspricht tatsächlich weitgehend den „Kernkompetenzen" des Rechts (vgl. oben 3.3), welche sich über Jahrtausende bewährt und gehalten haben. Inhaltlich „entmaterialisiert" sich das so „prozeduralisierte" Recht. Gleichzeitig erfolgt auf diesem Wege eine Machtverschiebung von der gesetzgebenden (Legislative) auf die ausführende Gewalt (Exekutive), was dem staatspolitischen Modell der Gewaltenteilung zuwider laufen kann[32].

---

32 Das Gewaltenteilungsmodell ist allerdings kein „Selbstzweck", sondern dient dem Schutz der Bürger. Werden diese in einem prozeduralen System in angemessener Weise in die sie betreffenden Verfahren mit einbezogen, können sie ihre Interessen auf der konkreten Anwendungs- und Entscheidungsebene vielleicht sogar besser schützen.

6.1.4 Das Zeitproblem spielt in einer schnelllebigen Zeit auch auf der Ebene der konkreten Einzelfall-Entscheidung eine immer grössere Rolle. In einem lange dauernden Verfahren – Prozesse, die fünf und mehr Jahre dauern sind keine Seltenheit – ergibt sich eine Vielzahl von Risiken, welche es verunmöglichen können, dass über den ursprünglichen Streit noch entschieden werden kann. Zu denken ist an

– Veränderungen bei den Parteien (eine Partei stirbt, eine Ausländer kehrt in seine Heimat zurück)
– Veränderungen des Streitobjektes (Modeartikel verlieren während des Prozesses ihren Wert)
– Veränderungen beim Gericht (der Referent, welcher für den Fall zuständig war, wird pensioniert)
– Veränderungen bei Dritten (ein Zeuge stirbt oder – was viel häufiger eintrifft – kann sich wegen des zu grossen Zeitabstandes an nichts mehr erinnern).

Einem Fall wirklich „gerecht" werden kann man nur, solange er überhaupt noch rekonstruierbar ist und die ursprünglich Beteiligten sowie der Streitgegenstand überhaupt noch existieren.

6.1.5 Letzteres ist auch der Grund, warum ich ein Recht durch blossen Zeitablauf verlieren kann, wenn ich untätig bleibe. Abgesehen von den Beweisschwierigkeiten ist es nicht leicht vorstellbar, dass mich ein völlig Unbekannter nach Jahr und Tag noch verklagen könnte, weil mein Urgrossvater seinem Urgrossvater etwas schuldig geblieben ist. Selbst wenn mein Urgrossvater seine Schulden tatsächlich nicht bezahlt haben sollte und Schulden grundsätzlich vererbt werden: die Rechtssicherheit und der Rechtsfriede verlangen, dass eine Forderung innert nützlicher Frist geltend gemacht wird, ansonsten tritt die Verjährung ein. D.h. aber nicht, dass die Forderung als solche damit völlig erloschen ist; erloschen ist lediglich das Klagerecht des Urenkels des Gläubigers gegen mich (als Urenkel des Schuldners). Entschliesse ich mich – z.B. um die Familienehre zu wahren – nach 60 Jahren trotzdem noch zu zahlen, habe ich keine Nichtschuld bezahlt, sondern eine sogenannte Naturalobligation (eine nicht klagbare Forderung) erfüllt.

In anderen Fällen geht das Recht weiter und bestimmt, dass ein nicht rechtzeitig geltend gemachter Anspruch definitiv erlischt (also nicht nur das Klagerecht); Juristen sprechen dann von Verwirkung.

In beiden Fällen gibt es eine unübersehbare Vielfalt von Fristen; im internationalen Vergleich findet man (je nach Anspruch) Verjährungsfristen von wenigen Monaten bis zu 30 und mehr Jahren. Verwirkungsfristen sind dagegen trotz der strengeren Folgen in der Regel kürzer (oft nur wenige Tage), was damit zusammen hängt, dass wichtige Umstände eben möglichst schnell und definitiv geklärt werden sollen. So kann das Recht, auf eine Klage zu antworten, definitiv verloren gehen, wenn man sich nicht an die vom Gericht vorgegebene Frist hält.

6.2 Wissen und Recht

6.2.1 Spätestens seit der Aufklärung „wissen" wir, dass wir nichts Objektives wissen. Wissen – i.S. eines wissenschaftlichen Sprachgebrauches – unterscheidet sich vom subjektiven „intuitiven Wissen" sowie dem auf eine heilige, geoffenbarte Quelle basierenden Glauben durch folgende Elemente:

– die Einsicht, dass immer die (zunächst) subjektive Wahrnehmung Ausgangspunkt ist,
– deren Erkenntnisse mit rationalen (technischen) Verfahren soweit als möglich belegt und begründet und
– intersubjektiv mit den Wahrnehmungen anderer verglichen werden.

So belegte (und abgeglichene) Erkenntnis gilt als (vorläufiger) Stand des Wissens. Zu bedenken ist auch, dass wir uns selber nicht überschätzen sollten – oder in der Formulierung des englischen Physikers John Barron: „Es gibt keinen Grund, warum das Universum in einer Weise gestaltet sein sollte, die es menschlichen Wesen erlaubt, seine grundlegenden Gesetze zu entdecken."

6.2.2 Die Rechtswissenschaft muss auf ihren beiden Ebenen – der generell-abstrakten Regelsetzung (Gesetzgebung) wie der individuell-konkreten Einzelfallentscheidung (Urteil) – immer mit unvollständigem und unsicheren Wissen arbeiten. Dass und warum das Wissen über den konkreten Sachverhalt immer unvollständig und unsicher ist, wurde oben schon ausgeführt (vgl. Ziffer 3.8). Dass aber auch die Rechtssetzung auf einer sehr unsicheren Basis agiert, hängt u.a. auch mit dem Zeitfaktor (vgl. oben Ziffer 6.1), und mit dem Kostenfaktor (dazu unter Ziffer 6.3) zusammen.

6.2.3 Dazu kommt das Problem, dass im Rechtssystem (vorwiegend) Juristen über komplexe Sachverhalte aus allen möglichen Lebensbereichen entscheiden (müssen), von denen sie nicht mehr verstehen, als andere Laien auch. Ein Richter ist in den weitaus meisten Fällen überfordert, wenn er beurteilen sollte, ob die Reparatur einer Stereoanlage oder einer Kaffeemaschine sachgerecht ausgeführt wurde oder nicht. Um derartige Probleme zu entschärfen, hat das Rechtssystem zwei Hauptstrategien entwickelt:

a) den Beizug von Experten und

b) die Schaffung von Fach-Gerichten mit eigenem Experten-Wissen.

Die erstgenannte Variante hat neben ihrem Vorzug – Bereitstellung von unabhängigem Fachwissen – auch erhebliche Nachteile in Bezug auf Zeit und Kosten. Bis die Experten instruiert sind und ihren Bericht endlich abliefern, vergeht oft viel Zeit; ausserdem sind Fach-Expertisen in den meisten Fällen sehr teuer, so dass dieser Weg bei kleineren Streitwerten sehr oft (meistens) nicht in Frage kommt. Wird die Qualität einer Expertise bestritten, und artet das Verfahren in eine „battle of experts" mit Gutachten, Obergutachten und Gegengutachten aus, vervielfachen sich sowohl der Zeit- als auch der Kostenaufwand. Aus diesen Gründen ist eine Vielzahl von Fachgerichten geschaffen worden (z.B. Arbeits-, Handels-, Landwirtschafts-, Miet-Gericht etc.), an denen sogenannte Fachrichter mitwirken, juristische Laien mit besonderer Ausbildung und Erfahrung im fraglichen Sachgebiet.

Bei beiden Strategien bleibt aber das Problem bestehen, dass es sich um nachträgliche (post festum) Untersuchungen und Entscheidungen handelt, die immer unvollständig, sehr oft ungenau und zudem in dem Sinne nicht neutral sind (sein können), als sie auf klar parteiische Darstellungen abstellen müssen (vgl. oben 3.8).

6.2.4 Schliesslich ist zu berücksichtigen, dass das Recht eigentlich eine „Kommunikations-Wissenschaft" (in einem weit verstandenen Sinne) ist: Fast immer geht es darum, wer hat sich wann und wo wem gegenüber wie geäussert und mit welcher Absicht, bzw. mit welcher Wirkung? Die mit Abstand wichtigste Kommunikations-Form des Rechts ist (noch immer) die Schriftlichkeit: wichtige Verträge oder Erklärungen werden immer schriftlich festgehalten, oft sogar in der Form einer notariell beglaubigten Urkunde. Allerdings gibt es verschiedene Entwicklungen, die an dieser Sonderstellung der Schriftform rütteln:

a) mit der allgemeinen Verfügbarkeit von Mobil-Telefonen gewinnen mündliche Absprachen (auch über rechtlich bedeutsame Geschäfte) wieder an Gewicht; man spricht daher in der Kommunikations-Soziologe auch von der „zweiten Mündlichkeit";

b) elektronische Kommunikation (e-mail, SMS, MMS etc.) ersetzt in weiten Bereichen das Dokument auf Papier;

c) Bilder (allein oder in Verbindung mit „elektronischem Text") erobern sich mehr und mehr Kommunikationsanteile (Beispiel ist das elektronische Warenhaus mit Touch-Screen, wo zur Auswahl nur die Bilder der gewünschten Gegenstände berührt werden müssen).

Das Recht hat eine eigene Lehre zum Umgang mit seinen Texten entwickelt, die allerdings aus der Sicht der modernen Linguistik z.T. doch als ziemlich antiquiert erscheint. Bezüglich des Umganges mit den neuen Kommunikationsformen (oben a-c) fehlt es noch weitgehend an gesicherten Methoden.

6.3 Rechtskosten

6.3.1 Streiten ist teuer: für die Parteien, für den Staat, der die nötigen Entscheidungs- (Gerichte) und Vollzugsinstrumente (Polizei, Betreibungsamt etc.) zur Verfügung stellen muss, oft aber auch für Dritte, die z. B. als an der Streitsache nicht beteiligte Zeugen in ein Verfahren hinein gezogen werden können.

Kostspielig ist auch die Gesetzgebung: die wissenschaftlich und/ oder verwaltungs-technische Vorbereitung einer Gesetzesvorlage, die Beratung in Expertengruppen und politischen Gremien, die Beschlussfassung im politischen Prozess im Parlament und allenfalls über eine Volksabstimmung, die sorgfältige Redaktion und Übersetzung sowie die Veröffentlichung von Erlassen verursachen enorme Kosten.

6.3.2 Dass diese Kosten aufgebracht werden müssen, ist der Preis für den Rechtsstaat: je schlechter Gesetze sind, desto eher zwingen sie die Betroffenen zu langwierigen Verfahren vor den Gerichten (mit oft ungewissem Ausgang) oder aber es findet eine „Verlagerung" statt, indem Gesetze umgangen oder schlichtweg ignoriert werden.

Nötig ist aber auch, dass die Mittel aufgebracht werden, welche für das Funktionieren der Gerichte und Ämter erforderlich sind. Die Länder Osteuropas leiden z.T. sehr darunter, dass es keine funktionierenden Gerichte gibt, da es an allen Ecken und Enden fehlt (an Personal, an Computern, Bibliotheken etc.).[33]

6.3.3 Der Rechtsstaat hat also seinen Preis. Diesen zu bezahlen ist das eine, die „gerechte" Verteilung dieser Kosten das andere. Die Infrastrukturkosten – Gerichtsgebäude, Gefängnisse, Computer etc. – werden in der Regel direkt über Steuergelder finanziert. Bei den „Betriebskosten" (vor allem Personalkosten) erfolgt eine (teilweise) Überwälzung der Kosten auf diejenigen, welche die Dienste des Rechtsstaates in

---

[33] Vgl. Helen Keller: Sträflich vernachlässigte Justiz in Polen/Gravierende Missstände als Gefahr für den Rechtsstaat, NZZ vom 19.8.2004, 7.

Anspruch nehmen, und zwar in Form von Zustellungs-, Schreib-, Gerichts- oder Verwaltungs-Gebühren etc. Diese Kosten werden in vielen Verfahren „der unterliegenden Partei auferlegt. Obsiegt keine Partei vollständig, werden die Kosten verhältnismässig verteilt" (§ 64 Abs. 2 der Zürcher Zivilprozessordnung). Andere Verfahren (z.B. im Arbeits- oder Mietrecht) sind kostenlos, solange nicht mutwillig prozessiert wird. Und schliesslich sehen die meisten Verfahrensgesetze die Möglichkeit einer unentgeltlichen Prozessführung oder darüber hinaus die Bestellung eines unentgeltlichen Rechtsvertreters vor, wobei die Voraussetzungen für eine solche Unterstützung ziemlich streng sind.

6.3.4 Der Bürger, der sein Recht sucht, zahlt also auf verschiedenen Ebenen dafür:

a) zunächst als Steuerzahler, welcher den Gesetzgebungs- wie den Vollzugsapparat mit zu finanzieren hat;

b) als Partei eines Verfahrens trägt er zumindest das Risiko, für die Verfahrenskosten aufkommen zu müssen;

c) da die Verhältnisse oft für Laien nicht durchschaubar sind, muss er auch die Kosten seines Rechtsvertreters und – falls er den Prozess verliert – noch eine Entschädigung an die Gegenpartei bezahlen (die aber oft die effektiven Kosten der Rechtsvertretung nicht deckt, so dass auch der „Sieger" am Ende mit z.T. ungedeckten Kosten dasteht);

d) dazu können weitere Kosten kommen, wie z.B. jene für eine Expertise, die sehr schnell enorm hohe Beträge erreichen können;

e) zu oft „vergessen" gehen in der Kostenbetrachtung schliesslich diejenigen direkten und indirekten Kosten, welche den beteiligten Parteien selber entstehen bei der Vorbereitung und Durchführung eines Verfahrens: die Instruktion eines Rechtsvertreters, die Beschaffung der nötigen Beweise sowie die Zeit, die für das eigentliche Verfahren aufzuwenden ist, kann sich insgesamt zu enorm hohen Summen aufaddieren.

Eine Gesamtrechnung zeigt (leider) nur zu oft, dass sich ein Rechtsstreit im Vergleich zum Streitwert aus Kostengründen nicht rechnet.

Dieses Kostenrisiko wird denn z.T. auch schon bewusst für eigentliche Erpressungsversuche missbraucht, bei denen zusätzlich noch mit dem Zeitfaktor gespielt wird. Dies etwa nach folgendem „Drehbuch": A schuldet B aus einer Lieferung 1000; er bietet B an, sofort 800 zu bezahlen. Wenn B die ganzen 1000 wolle, könne er ja prozessieren; er werde schon sehen, wieviel er dann – nach zwei oder drei Jahren – nach Abzug aller Kosten tatsächlich noch erhalte...

6.4 Zeit, Wissen und Kosten in der Ethik

Alle drei Faktoren spielen wie im Recht auch bei der Beurteilung ethischer Fragen eine Rolle. Eine Entscheidung auf den St. Nimmerleins-Tag zu verschieben, kann ethisch genau so falsch sein, wie sie aufgrund einer bloss oberflächlichen Sachverhaltsprüfung zu fällen und die kostengünstigste Lösung ist nicht immer auch die ethisch beste.

Im Unterschied zum Recht verfügt die Ethik nicht über die Strukturen, welche diese Entscheidungsvoraussetzungen wenigstens formal klar regeln, wie sie in rechtsstaatlichen Ordnungen vorgesehen sind. Dass aber auch „ethische" Entscheidungen begründbar und nachvollziehbar sein müssen, ist eine Grundvoraussetzung dafür, dass sie diese Bezeichnung überhaupt verdienen. Daher ist es nicht verwunderlich, dass überall dort, wo Bedarf an ethischer Reflexion von Entscheidungen besteht – in der Forschung, in der Medizin etc. – Ethik-Kommissionen, Ethik-Foren oder ähnliche Institutionen fast wie Pilze aus dem Boden geschossen sind. Aber wie bei den Pilzen gibt es auch hier „geniessbare" und „ungeniessbare", bzw. Gremien, welche den Ethik-Bezug nur im Namen führen und solche die ihn auch „leben". Beschränken wir uns auf Ethik-Kommissionen im Bereich von Medizin und Medizinforschung, lassen sich folgende Überlegungen anstellen:

6.5 Zeit, Wissen und Kosten in der Medizin

6.5.1 Medizin ist heute nicht mehr nur als die Behandlung eines individuellen Patienten zu sehen, sondern als vielschichtiger Betrieb mit den Dimensionen von Grossunternehmen (Pharmaindustrie, Medizinaltechnik aber auch Gross-Kliniken), von Spitzenforschung und zudem eines riesigen administrativen Apparates, in welchem Milliardenbeträge umgesetzt werden. Gleichwohl folgen hier einige Bemerkungen zu Fragen der Zeit, des Wissens und der Kosten „ganz unten" in diesem System, eben bei der individuellen Betreuung und Behandlung konkreter Patienten.

6.5.2 Behandelnde wie Patienten klagen in der Regel darüber, dass zu wenig Zeit zur Verfügung stehe, ein Problem zu besprechen. Dies hängt sicher auch mit der Ausgestaltung von Tarifstrukturen zusammen, die vor allem auf sicht- und messbare Handlungseinheiten (und nicht blosse Zeiteinheiten) abstellen. Der diagnostische wie der therapeutische Wert des Gespräches ist nicht einfach einzuschätzen, nimmt man aber die Klagen sowohl von Behandelnden wie Patienten über den Zeitmangel ernst, würde sich hier eine sorgfältige Neubeurteilung empfehlen.

6.5.3 Wissen: Gerade in den medizinischen Disziplinen gibt es eine immer noch explosionsartig zunehmende Vermehrung von Wissen. Mühe machen daher immer mehr drei Dinge: den Überblick zu behalten, die Qualität von Ergebnissen beurteilen und diese auch richtig interpretieren zu können. Wissenschaftssoziologische Untersuchungen haben gezeigt, dass Ärzte und Ärztinnen (und zwar nicht nur in der Allgemeinpraxis, sondern selbst in Spezial- und Universitätskliniken) gerade mit dem letzten Punkt oft grosse Mühe haben, oder um es hart zu formulieren, dass sie oft nicht in der Lage sind, ihnen von der Forschung oder der Industrie vorgelegte Studien richtig zu lesen.[34] D.h.

---

34   Vgl. dazu Trisha Greenhalgh: Einführung in die Evidence-based Medicine, 2.A. Bern 2003, 121 ff.: „Von den 140 Gesundheitsexperten, die antworteten, erkannten nur 3, dass es bei allen vier Programmen um dieselben Ergebnisse ging." Ähnliche Feststellungen finden sich auch bei Hans-Peter Beck-Bornholdt/Hans-Hermann Dubben: Der Hund, der Eier legt, 3. A., Reinbek 2002.

es besteht offensichtlich grosser Orientierungsbedarf, um den Überblick zu behalten (oder überhaupt zu gewinnen) und Ausbildungsbedarf, um tendenziöse oder unvollständige Studien von qualitativ einwandfreien Untersuchungen unterscheiden zu können.

6.5.4 Kosten: Auch hier sollen nur einige Randbemerkungen angebracht werden. Kosten entstehen u.a. auch dadurch, dass man sich nicht genügend Zeit nimmt (nehmen kann), um gewisse Dinge gründlich durchzudenken und abzuklären, bevor gehandelt wird. Dass (Wissens- und andere) Fehler unnötige Kosten verursachen ist offensichtlich. Ein weiterer Faktor ist auch die Aufteilung der Behandlung auf (zu) viele Akteure, was oft zu Doppel- oder gar Mehrspurigkeiten führt. Zuzugeben ist dabei – aus juristischer Sicht – dass ein Teil dieser wiederholten und zusätzlichen Abklärungen („volles Programm") oft auch nur gemacht werden, um das Risiko einer nachträglichen Haftung (wegen unterlassener Abklärung irgendeines Risikofaktors) zu verringern.

7. „Rechtsförmige" Verfahren für die Medizin-Ethik

7.1 Rahmenbedingungen für ethische Entscheidungen in der Medizin

Das Recht verfügt über einen Jahrtausende alten Erfahrungsschatz, wie Strukturen und Verfahren auszugestalten sind, um möglichst faire Entscheidungen zu ermöglichen, mit denen zwar nicht Gerechtigkeit, aber immerhin der Rechtsfrieden wieder hergestellt werden kann. Auch die Fragen betreffend einer möglichst fairen (zumindest nicht krass ungerechten) Zu- und Verteilung von Ressourcen an das und innerhalb des Medizinalwesens sind in einem politischen Prozess in den Formen des Rechtsstaates zu entscheiden.

Nicht (bzw. nur sehr begrenzt) formulierbar sind dagegen generell-abstrakte Regelungen für die materielle Entscheidung von existentiellen Fragen bei der Behandlung leidender Menschen. Während das Gesetz selber immer mehr auf materielle Entscheidungsvorgaben verzichtet (vgl. oben 6.1.3), kann man solche Vorgaben im Bereich existentieller, einen bestimmten Menschen betreffende Entscheidungen überhaupt nicht mehr erlassen, ohne mit der anerkannten Autonomie eben dieses Menschen in Konflikt zu geraten. Das heisst nicht, dass keine materiellen Entscheidungen in diesen Fragen mehr begründet und gerechtfertigt werden können; nur stehen diese nicht mehr am Anfang, sondern als Ergebnis am Ende eines auf diesen Fall zugeschnittenen Entscheidungsprozesses.

Da willkürliche, ungeordnete Entscheidungen sich nicht mit den Ansprüchen an ethische Entscheidungen vertragen, ist die angewandte Ethik gezwungen, ihrerseits Überlegungen über die strukturellen und prozeduralen Rahmenbedingungen ihrer Entscheidfindung anzustellen. Wenn man „Recht als ethisches Minimum" (Georg Jellinek) versteht, bietet sich das erprobte „Arsenal" juristischer Verfahrenstechniken geradezu an als Werkzeugkasten für die Ausgestaltung korrekter Prozeduren der ethischen Entscheidungsfindung.

7.2 Elemente für einen ethischen Entscheidungsrahmen

Rahmenbedingungen für ethische Entscheidungen in Institutionen des Medizinalwesens sind gerade deshalb nötig geworden, weil die moderne Medizin eine Vielzahl von Behandlungsmöglichkeiten anbietet, welche im konkreten Einzelfall (oft unter Zeitdruck) schwierige und schwierigste Entscheidungen erfordern, einschliesslich jener, nichts (mehr) zu tun.

In derartigen Situationen zu korrekten und für alle Beteiligten (Patienten, Behandelnde, Angehörige, weiteres Umfeld) möglichst tragbaren Entscheidung zu gelangen, erfordert eine Auseinandersetzung im voraus. Bei der Erstellung von Entscheidungs-Richtlinien als „Gerüst" sind folgende Überlegungen hilfreich:

7.2.1 Bottom up versus Top Down

Erfahrungen aus der Management-Lehre aber auch aus dem Medizinalbereich selber zeigen, dass Richtlinien eine viel höhere „Befolgungs- und Durchsetzungschance" haben, je stärker die Personen, für die sie gelten sollen, an ihrer Ausarbeitung mit beteiligt waren. Diese Erkenntnis spricht somit gegen eine Verordnung von oben herab (top down) und für die Erarbeitung derartiger Leitlinien „von unten her" (bottom up) auf der Ebene der „Handlungseinheiten", also etwa einer Intensiv-Station, einer Neonatolgie-Abteilung oder eines Geriatrie-Zentrums.

7.2.2 Materiell-konkret versus formell-abstrakt

Die Vielfalt der möglichen Entscheidungen und vor allem die Wahrung der Autonomie der Patienten[35] schliesst grundsätzlich aus, dass

---

35 Wie schon erwähnt, sollen Strukturen geschaffen werden, die für alle Beteiligten – nicht nur die Patienten – tragbare Entscheidungen gestatten. Für die Behandelnden besteht aber – im Unterschied zu den Patienten – eine Wahlmöglichkeit ohne Druck einer existentiellen Gesundheitsgefährdung. Wer sich in einer

von vorneherein materiell-konkrete Standards vorgegeben werden, etwa nach dem Muster: bei Erreichen von Grenzwert A, B und C wird automatisch Therapie X durchgeführt; auf Grenzwert D, E und F folgt Therapie Y etc. D.h. es ist in jedem Fall einzeln darüber zu entscheiden, welches ist für diesen individuellen Patienten in seiner jetzigen Situation die angemessene Behandlung. Damit diese Abklärung in allen Fällen und in allen Fällen mit der möglichst gleichen Sorgfalt erfolgt, ist eine Formalisierung des Entscheidungs-Verfahrens unumgänglich. Gerade weil es nicht möglich ist, inhaltlich einheitliche Standards für derart existentielle Fragen vorzugeben, muss auf einer formalen Ebene abgesichert werden, dass ein möglichst guter Entscheid getroffen werden kann.

Formalisierung von Verfahren garantiert zunächst die Nachvollziehbarkeit einer Entscheidfindung, indem die einzelnen klar definierten Verfahrensschritte nach gegangen werden können. Sie kann in einem gewissen Masse auch verhindern, dass die hier vorgeschlagenen Bottom-up-Regelungen der einzelnen Handlungseinheiten zu einer totalen Zersplitterung der Entscheidungspraxis, zur Festschreibung bloss institutionsinterner Praktiken und im schlimmsten Fall zu gesellschaftlich nicht mehr akzeptierbaren Eigengängen führen. Gleichzeitig entlasten derartige Verfahrensregeln die Behandelnden von der Aufgabe, sich in jedem Falle Gedanken über den besten Entscheidungsweg zu machen und – heute immer wichtiger – von möglichen späteren Haftungsansprüchen.

7.2.3 Eckpunkte für derartige Verfahrensregeln

Als erstes ist immer klar zu stellen, wer bei welchen Entscheidungen mit einbezogen werden soll. Je nach Institution und Aufgabenstellung kann dies stark variieren, d.h. muss das Problem den lokalen Verhältnissen

---

Klinik anstellen lässt, welche z.B. Abtreibungen vornimmt, kann sich im konkreten Einzelfall nicht weigern, an einer solchen Behandlung mitzuwirken. Durch den Einbezug in die Ausarbeitung der geltenden Richtlinien (vgl. oben a) werden die Interessen der Behandelnden so berücksichtigt, dass sie im konkreten Einzelfall innerhalb selber mitgestalteter Rahmenbedingungen handeln, die in der konkreten Situation nicht mehr zur Diskussion gestellt werden dürfen.

angepasst (bottom up) gelöst werden. Bei schwierigen Entscheidungen von grundsätzlicher Tragweite empfiehlt es sich, immer auch Institutions-externe Fachleute mit einzubeziehen. Ihnen kommt die Doppelfunktion zu, einerseits auf institutsinterne Eigenheiten hinzuweisen, die aus „Betriebs-Blindheit" vielleicht gar nicht mehr wahrgenommen werden (können), und andererseits die Gesamtgesellschaft zu vertreten, indem Gesichtspunkte in die Argumentation eingebracht werden, die andernorts in vergleichbaren Situationen eine Rolle gespielt haben.

Wie der Verfahrens-Ablauf im einzelnen zu gestalten ist, hängt wiederum von den speziellen Bedingungen in der jeweiligen Institution ab. Das heisst aber nicht, dass hier völlige Willkürfreiheit besteht. Einige Grundregeln, wie sie für das Recht gelten (vgl. oben 3.3) empfehlen sich auch hier, wenn auch in modifizierter Form:

a) die *Legitimation* eines solchen Verfahrens ergibt sich hier aus zwei Quellen: einerseits aus dem Miteinbeziehen aller Betroffener und andererseits aus der fachlichen Qualifikation der Behandelnden.

b) eine *Limitation* ergibt sich daraus, dass der jeweilige Entscheid über einen konkreten Einzelfall auch nur für diesen gelten kann, ohne Anspruch darauf, als „Richtentscheid" für alle ähnlich gelagerten Fälle in der Zukunft zu gelten; dies darum, weil auch später zu beurteilende Fälle Anspruch auf eine individuell-konkrete Auseinandersetzung mit dem jeweiligen Problem haben. Das schliesst nicht aus, dass die Beteiligten aus der Auseinandersetzung mit solchen Fällen Erfahrungen gewinnen, welche es ermöglichen, später bessere Lösungen zu finden.

c) *Zweckmässigkeit* und *Sicherheit* sind in dem Sinne zu relativieren, dass es gerade nicht darum geht, Lösungen zu finden, die sich als problemlos reproduzierbar und übertragbar erweisen. Gleichwohl ist aber Zweckmässigkeit bezogen auf die konkrete Situation gefordert wie auch Sicherheit in der Begründung, d.h. zumindest die Gewissheit, sorgfältig alle möglichen Aspekte des Falles geprüft zu haben.

d) *Unparteilichkeit* verlangt von den an der Entscheidung beteiligten Personen ein Zurücknehmen eigener Vorstellungen und Vorliegen zu Gunsten der Interessen des Menschen, dessen existentiellen Fragen eine Antwort suchen. In diesem Sinne ist das Verfahren sogar parteiisch.

e) *Öffentlichkeit* ist hier in zwei Richtungen zu gewährleisten: „nach innen" gegenüber den Betroffenen und am Entscheid Beteiligten in Form von Transparenz, d.h. Offenlegung der für und wider die getroffene Entscheidung sprechenden Argumente. „Nach aussen" gilt dagegen absolute Zurückhaltung mit Angaben, die eine Identifizierung des betroffenen Patienten ermöglichen[36], während umgekehrt – in anonymisierter Form – die Öffentlichkeit durchaus über Art und Anzahl der Entscheidungen zu informieren ist.

f) *Entscheidung innert nützlicher Frist:* Anders als im juristischen Prozess ergibt sich der Zeitdruck bei der Beurteilung existentieller Fragen (oft Entscheidungen über Leben und Tod) meistens aus der Sache selbst. Daraus ergibt sich die Forderung, dass Entscheidungsstrukturen zu schaffen sind, in denen tatsächlich sehr kurzfristig (innert Stunden) Entscheide gefällt werden können.

g) *Überprüfbarkeit* der Entscheidungen; sie ist auf verschiedene Weise sicher zu stellen: durch die Teilnahme der Betroffenen, eine umfassende Dokumentierung der Abläufe bei der Entscheidfindung und schliesslich eine „Revisionsinstanz", welcher strittige Entscheidungen vorgelegt werden können. In Frage kommen dafür wiederum Gremien verschiedener Stufe: eine institutionsinterne Instanz (auf der Ebene der Gesamtleitung einer Institution gegenüber Entscheidungen einer Abteilung), eine externe Fach- oder Standes-Institution oder eine staatliche Behörde (Gerichte) etc.

7.3 Ethische Entscheidungen „über" oder „mit"?

Ethik-Gremien, welche z.B. bei der Festlegung eines Positiv- oder Negativ-Kataloges von Therapien oder Medikamenten entscheiden, die von der Krankenversicherung zu finanzieren sind, entscheiden „über" eine Sachfrage, die sich indirekt natürlich auch auf die Patienten aus-

---

36 Was bei prominenten Patienten oft sehr schwer, wenn nicht unmöglich ist, wie dies der Fall der Verschreibung des sehr teuren Medikamentes NovoSeven an einen früheren schweizerischen Bundesrat gezeigt hat.

wirkt, aber eben nur auf die anonyme Gesamtheit aller möglichen Patienten, die von diesem Entscheid betroffen werden können.

Unter dem seit noch nicht allzu langer Zeit abgelösten patriarchalischen Medizin-Modell galt, dass der Doktor weiss und darüber entscheidet, was für die Patienten gut ist. Kritische Entscheidungen – vor allem am Lebensende, aber auch bei lang andauerndem Koma, oder am Lebensanfang, in der Neonatologie –, die einen bestimmten Patienten betreffen, sind nach dem heute allgemein anerkannten Modell der Patienten-Autonomie (vgl. dazu unten 7.4) immer zusammen „mit" dem Patienten (bzw. mit seinem Vertreter) zu fällen. Die existentiellen Fragen betreffend das Leben genau dieses Patienten lassen keine generell-abstrakte Entscheidung der spezifischen Fragen seines Falles zu. Natürlich setzen generell-abstrakte Entscheidungen z. B. des Gesetzgebers Rahmenbedingungen, die im Einzelfall als Vorgaben zu akzeptieren sind. Im Rahmen des verbleibenden fallbezogenen Handlungsspielraums[37] sind die Entscheidungen aber „von unten", auf den konkreten Fall bezogen und *mit* dem individuellen Patienten zu suchen.

7.4 Patientenautonomie heisst nicht Abschiebung der Verantwortung

7.4.1 „Wir sind nicht wir, wenn die Natur im Druck, die Seele zwingt, zu leiden mit dem Körper" (Shakespeare, König Lear). Patient sein heisst wörtlich leidend sein, d.h. in einer persönlichen (gesundheitlichen) Krise zu stecken, welche die gewöhnlichen Entscheidungs- und Handlungsspielräume eben dieser Person von vorneherein einschränkt; bei Bewusstlosigkeit oder Koma fehlen sie völlig, wenn sie nicht – wie beim Kind in der Neonatologie-Station überhaupt (noch) nie gegeben waren. In all diesen Extrem-Situationen ist die Interessenwah-

---

37 Es versteht sich von selbst, dass hier Geld ein wichtiger Faktor ist: in einem Medizinalwesen, das pro Person im Jahr nur 15 USD aufwenden kann, bestehen praktisch keine Spielräume, während diese (noch) fast unbegrenzt sind, wo durchschnittlich USD 15'000 pro Person und Jahr zur Verfügung stehen.

rungspflicht für diese Patienten, die Berücksichtigung ihres mutmasslichen Willens sowie ihres Wohles breit diskutiert worden und im Grundsatz nicht umstritten.

Man darf davon ausgehen, dass die (meisten) Behandelnden (Ärzte und Pflege) sich bewusst sind, dass sie mit ihrem medizinisch-technischen Wissen allein nicht in der Lage sind, eine ganzheitliche Beurteilung des mutmasslichen Willens eben dieses individuellen Patienten zu liefern, und dass sie auf das Wissen und die mit dem Patienten geteilte Lebenserfahrung von Menschen aus dessen Umfeld angewiesen sind.

7.4.2 Mindestens ebenso viel Beachtung verdient aber auch der „autonome" Patient, der aufgrund einer sorgfältigen Information selber über seine Behandlung (oder Nicht-Behandlung) entscheiden soll. Immerhin ist diese Patientengruppe rein zahlenmässig viel bedeutender als die der Urteilsunfähigen, für die sogenannte Stellvertreter-Entscheidungen gefällt werden müssen. Auch der „informierte" Patient ist immer ein Laie, der nicht nur einem Fachmann (z.B. dem Hausarzt) gegenüber steht, sondern für dessen Behandlung die Bedingungen eines höchst komplexen technisch-wissenschaftlichen Medizinsystems massgebend sind. Zu diesem „kognitiven" Ungleichgewicht kommt hinzu, dass der Patient – im Moment wo er eben leidend wird – nicht mehr im Vollbesitz seiner Kräfte ist, sondern geschwächt und in vielen Fällen von existentiellen Sorgen geplagt ist. Und gerade in diesen Situationen soll er sich informieren, so dass er autonom entscheiden kann.

Um so entscheiden zu können, muss zuerst Ordnung geschaffen werden im „Dschungel" der möglichen Angebote und muss aufgezeigt werden, welche Massnahme für diesen individuellen Patienten welche Chancen und Risiken eröffnet. Die zu leistende Aufklärung (aufklären heisst aktiv werden) ist eine Bringschuld der Behandelnden, welche nicht damit erfüllt werden kann, dass man den Patienten ein vorgedrucktes Zustimmungsformular unterschreiben lässt. Eine der wichtigsten Ressourcen, die hier eingesetzt werden müsste – die oft aber nur in zu knappen Dosen verfügbar ist – wäre Zeit: Zeit, die es braucht das Mögliche (das Menschenmögliche) in einer für den Adressaten verständlichen Form darzustellen, aber auch Zeit, die der Patient braucht, das aufzunehmen, in seinen Konsequenzen für ihn persönlich zu verstehen und emotional zu verarbeiten. Nur wenn ihm die Möglichkeit eingeräumt wird, im eigenen Tempo – möglicherweise nach mehrmaligem Nachfragen – zu einem Entscheid zu gelangen, darf wirklich von einer aufgeklärten Zustimmung (informed consent) gesprochen werden.

7.4.3 Autonomie ist keine abstrakte Grösse, sondern die Möglichkeit innerhalb vorgegebener Strukturen eine eigene Wahl zu treffen. Der Rechtsphilosoph Ronald Dworkin spricht hier von *chances* (den Vorbedingungen) und *choices* (den eigenen Wahlentscheidungen).

In einem Umfeld, das keine Wahl mehr zulässt – sei es, dass es aus Mangel an Ressourcen keine Alternativen gibt, sei es, dass mögliche Alternativen einer „Standardisierung" zum Opfer gefallen sind – gibt es keine *choices*, und damit auch keine Autonomie. Immerhin: ein letzter Rest einer zumindest formalen Autonomie bleibt solange gewahrt, als wir wenigstens noch nein sagen können. Wirkliche Entscheidungsfreiheit gibt es aber nur dort, wo wir zwischen verschiedenen Handlungsvarianten wählen können. Das aber wiederum setzt voraus, dass entsprechende Rahmenbedingungen geschaffen und die erforderlichen Ressourcen bereit gestellt werden.

8. Gesundheitsrecht und Ethik

8.1 Gesundheitsrecht – was ist das?

Rechtliche Regelungen enthalten fast immer auch einen ethischen Kern, die Festschreibung eines „ethischen Minimums". D.h. sie entlasten die Beteiligten – Patienten wie Behandelnde – insofern von der Führung ethischer Auseinandersetzungen, soweit diese Fragen im Gesetz und/oder in der Gerichtspraxis bereits vorentschieden sind. Kritisch an dieser Formulierung ist das Wort „soweit", bzw. die Frage nach der tatsächlichen Reichweite generell-abstrakter Regelungen.

Wo es um die individuelle, höchstpersönliche Entscheidung existentieller Fragen geht, beschränken sich derartige Regelungen zunehmend darauf, Rahmenbedingungen abzusichern, dass derartige Entscheidungen möglichst frei von Fremdbestimmungen getroffen werden können. Diese wiederum sind in ein dichtes Netz von direkt „medizinrechtlichen" oder doch gesundheitsrelevanten Regelungen eingebunden, die grob in folgende Bereiche gegliedert werden können:

a) Zulassung zur Berufsausübung, einschliesslich Regelungen betr. Aus- und Weiterbildung im Bereich der Heilberufe

b) Normen, welche anerkannte Verfahren, Heilmittel (Medikamente) und Hilfsmittel (Medizintechnik) und deren Anwendung betreffen

c) Regeln betr. die allgemeine Volksgesundheit, einschliesslich Prävention (z. B. Epidemiegesetzgebung, aber auch Lebensmittel-, Hygiene- und Bauvorschriften etc.)

d) Regeln betr. Finanzierung des Medizinalwesens, Privat- und Sozialversicherungsrecht

e) Haftungs- und Strafbestimmungen

f) Verfahrens- und Rechtsmittelregelungen für alle vorerwähnten Bereiche (a–e).[38]

---

[38] Weitere, auch für die menschliche Gesundheit bedeutende Regelungen finden sich in der Tier-, Pflanzen- und Umweltschutz-Gesetzgebung sowie im Arbeitsrecht, Landwirtschaftsrecht etc.)

Das Gesundheitsrecht ist kein in sich geschlossenes und (einigermassen) strukturiertes Ganzes wie z. B. das Mietrecht oder das Arbeitsvertragsrecht. Die dazu zu rechnenden Normen finden sich in einer unüberschaulichen Vielzahl von Erlassen auf allen Stufen der Gesetzgebung, vom internationalen Staatsvertrag und der Bundesverfassung bis zum Altersheim-Reglement einer Gemeinde. Diese Regelungen können dabei als öffentlich-rechtliche (hoheitliche) oder aber als privat-rechtliche ausgestaltet sein (vgl. oben 3.16).

8.2 Recht und Medizin im Alltag

Die folgende (nicht abschliessende) Übersicht soll einen Eindruck vermitteln, in wie vielen verschiedenen Gebieten die Akteure des Medizinalwesens mit rechtlichen Fragen konfrontiert werden können. Es dürfte einfacher sein, mögliche Probleme zu vermeiden, wenn man sich überhaupt bewusst ist, wo überall „Fallstricke" ausgelegt sein könnten.

8.2.1 Persönliche Stellung

a) Was kann ich? Was darf ich?

Prüfen des Umfanges und der Grenzen der eigenen Befugnisse und zwar bezüglich

– Zulassung (Aus- und Weiterbildung) und
– Einsatz innerhalb einer Organisation.

b) Eigene Stellung – als Selbständiger oder innerhalb einer Organisation

– Schliesse ich direkt mit den Patienten einen Behandlungsvertrag ab oder
– besteht ein solcher Vertrag nur mit einer Organisation (vgl. dazu unter lit. c), für die ich als Beauftragter oder als Angestellter tätig bin?

c) Arbeite ich im Rahmen
   - einer privatrechtlich organisierten (z.B. Spital-AG) oder
   - einer öffentlich-rechtliche organisierten Institution
     (z.B. Kantons-Spital)?

d) Verpflichtungen und Rechte gegenüber Dritten, nämlich gegenüber
   - dem Arbeitgeber (bei unselbständiger Tätigkeit)
   - Mitarbeitern (als Kollegen und/oder Unterstellte oder Vorgesetzte)
   - Lieferanten (Pharma-Industrie, Medizinaltechnik, Labors)
   - Versicherungen (privaten sowie staatlichen)
   - Berufs- und Standesorganisationen
   - Behörden (z.B. im Strafrecht).

8.2.2 Pflichten und Rechte gegenüber Patienten

a) Persönlichkeitsbild

   Als erste Aufgabe stellt sich den Behandelnden immer die Frage, mit wem habe ich es zu tun. D.h. es ist abzuklären, ob eine im Rechtssinne voll handlungsfähige, autonome Persönlichkeit oder ein Patient mit einer begrenzten Handlungsfähigkeit oder einer begrenzten Handlungsunfähigkeit[39] um Hilfe und Heilung ersucht, oder ob er diesbezüglich gar von Dritten vertreten werden muss, weil ihm diese Fähigkeit vorübergehend oder auf Dauer völlig fehlt. Im letzteren Falle sind weitere Fragen der Legitimation (und der Reichweite einer Legitimation) dieser Dritten abzuklären.

b) Rechte und Pflichten gegenüber Patienten ergeben sich:
   - aus den vorgenannten Rahmenbedingungen (vgl. Ziffer 8.1)
   - dem konkreten Behandlungsvertrag und
   - den individuellen Bedürfnissen des Patienten im Rahmen dieses Vertrages und darüber hinaus gehender besonderer Situationen (Notfall vor oder nach Beginn eines Behandlungsverhältnisses).

---

39 Bei begrenzter Handlungsfähigkeit liegt diese grundsätzlich vor, ist aber eingeschränkt. Der begrenzt Handlungsunfähige ist dagegen nur ausnahmsweise (in Grenzen eben) handlungsfähig.

c) Im einzelnen abzuklären sind:
- Aufklärungspflichten
zu nennen wären die allgemeine Grund-Aufklärung sowie Diagnose-, Verlaufs-, Eingriffs-, Wirkungs- und Risikoaufklärung nebst Aufklärung über versicherungsrechtliche Aspekte. Hierhin gehört auch ein Hinweis auf das *Recht auf Nichtwissen* und die Auseinandersetzung mit der Frage, ob im gegebenen Fall das sogenannte *therapeutische Privileg* – keine oder nur begrenzte Aufklärung im Interesse des Patienten – angerufen werden kann.
- Auskunftspflichten
Die Auskunftspflichten gegenüber dem Patienten (unter Einschluss des Einsichtsrechts in die Krankenakten) sind zu unterscheiden von Auskunfts- und Meldepflichten gegenüber Dritten, z.B. im Rahmen der Epidemiegesetzgebung, aber auch des Strafrechts.
- Dokumentationspflicht
als Voraussetzung dafür, dass der Patient seine Rechte wahrnehmen kann (aber auch als Basis für die Abwehr unberechtigter Ansprüche durch die Behandelnden).
- Behandlungspflicht
gemäss Vereinbarung, einschließend die Pflicht, die Mittel (personell, materiell, räumlich, zeitlich) bereit zu stellen, die erforderlich sind, die vorgesehene Behandlung „nach den Regeln der Kunst" durchführen zu können.
- Datenschutz und Datensicherheit
gegen unbefugte Einsichtnahme bzw. gegen Verlust.
- Tarifkenntnisse und Kenntnisse betreffend Versicherungsfragen
d.h. soweit Behandelnde diesbezüglich nicht sicher sind, haben sie mindestens die Pflicht, auf die nötige Abklärung dieser Fragen hinzuweisen.
- Einholung der Einwilligung des Patienten
Diese ist grundsätzlich für jede diagnostische oder therapeutische Handlung nötig.
Sie ist – aus rechtlicher Sicht – eine der wichtigsten Pflichten der Behandelnden, da grundsätzlich jede Handlung ohne Einwilligung als widerrechtlicher Eingriff in die Persönlichkeitsrechte des Patienten zu betrachten ist.

8.2.3 Haftungsfragen

Es lohnt sich, in jedem Falle einige allgemeine Überlegungen zu möglichen Haftungsfragen bei Eintritt eines Schadens anzustellen:

a) Wer ist Haftungssubjekt?

Die Klärung der persönlichen Stellung (vgl. oben 8.1) ergibt meistens auch schon die Antwort auf diese Fragen: Der selbständig Erwerbende, der mit dem Patienten einen privatrechtlichen Behandlungsvertrag abschliesst, haftet direkt. Wird die Leistung von einer öffentlich-rechtlichen Institution des Medizinalwesens erbracht, liegt in der Regel ein Fall von Staatshaftung vor. Zu prüfen ist auch, ob ein Dritter – z.B. eine Versicherung – zur Deckung eines Schadens heran gezogen werden kann.

b) Wer ist anspruchsberechtigt?

Bei der Schädigung von Personen, die ihre Rechte nicht (bewusstlose Komapatienten), noch nicht (Kinder) oder nicht mehr (Demente) selber wahren können, ist zu prüfen, wem die Aufgabe und das Recht zukommt, an ihrer Stelle Ansprüche geltend zu machen. Darüber hinaus ist abzuklären, welchen Drittpersonen in einem Haftungsfalle eigene Ansprüche (z.B. auf Ersatz des sogenannten Versorgerschadens) zustehen.

c) Als Haftungsgrundlage kommen in Betracht
   – das Gesetz, bzw. öffentlich-rechtliche Normen oder
   – privatrechtliche Vereinbarungen und schliesslich
   – Regeln der ausservertraglichen Geschäftsbesorgung (Geschäftsführung ohne Auftrag) oder des Delikts- und Strafrechtes.

d) Sind die allgemeinen Voraussetzungen einer Haftung gegeben?
   – Schaden
   – natürlicher und adaequater Kausalzusammenhang
   – Vertragsverletzung/Widerrechtlichkeit
   – Verschulden.

e) Gibt es besondere Haftungsgründe?
- Verletzungen der Aufklärungspflichten
- Behandlung oder Behandlungsausweitung ohne Einwilligung des Patienten
- Behandlungsfehler (als Diagnose- oder Therapiefehler)

8.3 Rechtliche und ethische Bedeutung

Es ist hier nicht der Ort, auf die praktische Bedeutung all der vorgenannten Rechte und Pflichten oder Haftungsfragen im einzelnen einzugehen. Aus rechtlicher Sicht ist nur soviel festzuhalten, dass sich Behandelnde mit diesen Fragen – zumindest soweit sie ihren Patienten betreffen – auseinandergesetzt, d.h. sie konkret in Betracht gezogen, abgewogen und entschieden haben müssen, wenn sie sich nicht dem Vorwurf von rechtlich fehlerhaftem Verhalten aussetzen wollen.

Diese Pflicht besteht aber auch aus ethischer Sicht und zwar darum, weil die Anerkennung der Würde des Patienten verlangt, dass man sorgsam mit ihm umgeht, d.h. sich um ihn sorgt und nichts ausser Acht lässt, was sich im allgemeinen bewährt hat, um Schaden zu verhindern. Recht ist (oft) nichts anderes als die Festschreibung „bewährter Lehre und Überlieferung".

*Auch das Sterben
ist eine der Pflichten des Lebens
– weißt du das nicht?*

Seneca

9. Ein Beispiel: Der Wert des Lebens in Recht, Moral und Ethik

Die folgende Darstellung skizziert lediglich einige mögliche Denklinien, welchen in den verschiedenen Disziplinen gefolgt wird, bzw. gefolgt werden kann. Es geht hier nicht um eine eigentliche Abhandlung des Themas „Wert des Lebens" an sich, sondern um den Versuch aufzuzeigen, wie unterschiedlich Recht, Moral und Ethik an dieses Thema herangehen.

9.1 Recht auf Leben

9.1.1 „Das Recht auf Leben wird gesetzlich geschützt" lautet der erste Satz von Art. 2 der Europäischen Menschenrechtskonvention (EMRK)[40] und in Absatz 1 von Art. 10 der Schweizerischen Bundesverfassung heisst es: „Jeder Mensch hat das Recht auf Leben". Die zahlreichen gesetzlichen Bestimmungen, mit denen der Schutz des Lebens gewährleistet werden soll, finden sich an den verschiedensten Stellen der geltenden Gesetzgebung:

– Im Strafrecht befasst sich eine ganze Reihe von Bestimmungen mit den „strafbaren Handlungen gegen Leib und Leben" (Art. 111 ff. des Schweizerischen Strafgesetzbuches);
– zivilrechtliche Bestimmungen regeln die Schadenersatz- und Genugtuungspflicht bei Tötung eines Menschen (Art. 45 und Art. 49 des Obligationenrechts);

---

40 Konvention zum Schutze der Menschenrechte und Grundfreiheiten vom 4. November 1950; für die Schweiz in Kraft getreten am 28. November 1974.

– das Verwaltungsrecht enthält eine grosse Zahl von Normen, die letztlich auch dem Schutz des Lebens dienen, sei dies z. B. in den Bestimmungen der Starkstromverordnung, des Lebensmittelgesetzes oder des Bundesgesetzes über Arzneimittel und Medizinprodukte. Dabei schützt das Recht aber nicht nur menschliches, sondern auch tierisches Leben. So erlässt der Bund gemäss Artikel 80 der Verfassung (Tierschutz) u. a. Vorschriften, in denen insbesondere Tierversuche und Eingriffe am lebenden Tier wie auch die Verwendung oder die Tötung von Tieren geregelt werden.

9.1.2 Der rechtliche Schutz des Lebens ist aber keineswegs absolut: Der zweite Satz von Art. 2 der erwähnten Menschenrechtskonvention lautet: „Niemand darf absichtlich getötet werden, ausser durch Vollstreckung eines Todesurteils, das ein Gericht wegen eines Verbrechens verhängt hat, für das die Todesstrafe gesetzlich vorgesehen ist."

Eine weitere Relativierung erfährt der rechtliche Schutz des Lebens durch die Festlegungen, ab wann (bei Beginn) und bis wann (am Ende) von einem geschützten menschlichen Leben im Rechtssinne die Rede ist. Unabhängig davon, ob man menschliches Leben unmittelbar mit der Zeugung oder erst später (z. B. im Zeitpunkt der Nidation) beginnen lässt, beginnt der unbedingte Rechtsschutz in allen Rechtsordnungen, die im Rahmen einer Fristenlösung den Schwangerschaftsabbruch zulassen, erst nach Ablauf dieser „Karenzfrist", innerhalb welcher die Mutter entscheiden kann, ob sie ein Kind austragen oder aber die Schwangerschaft abbrechen will.

Rechtsordnungen setzen auch unterschiedlich fest, ab wann ein Mensch im Sinne des Rechtes als tot gilt. Die Übernahme des Hirntodkriteriums (vgl. oben 5.5 b) ist nur eine der möglichen Regelungen. Schliesslich kann das Recht einen Menschen wegen blosser „Unauffindbarkeit" für verschollen erklären, was die gleichen rechtlichen Wirkungen auslöst, wie wenn der Eintritt des Todes bewiesen wäre.

Wo das Recht diese Grenzen, Anfangs- und Endpunkte setzt, ist im politischen Prozess auszuhandeln und letztlich das „politisch Machbare", was weder in allen Teilen wissenschaftlich-rational begründet noch in sich als Ganzes logisch konsistent zu sein braucht.[41]

41 Von den Befürwortern der Präimplantations-Diagnostik wird z. B. eingewendet, dass es unlogisch sei, diese zu verbieten, die Pränatal-Diagnostik aber zuzulassen.

9.1.3 In all den verschiedenen Normen zur Bestimmung des rechtlich relevanten Beginnes bzw. Endes des menschlichen Lebens sind zwei Punkte hervorzuheben:

a) der Versuch, den Zeitpunkt möglichst genau zu definieren und

b) die Festlegung von Verfahrensschritten, die einzuhalten sind, um den Zeitpunkt gemäss der Definition zu bestimmen.

Das Ergebnis ist eine hohe Rechtssicherheit darüber, wann z.B. der Spender eines Organs gestorben ist, während Angehörige diesbezüglich oft von ganz anderen Erfahrungen mit sogenannt Hirntoten berichten. Entsprechend der (angestrebten) hohen Rechtssicherheit muss grundsätzlich mit Sanktionen rechnen, wer sich nicht an die hier festgelegten Prozeduren hält. In der Praxis kann das allerdings anders aussehen, weil – nach dem Prinzip „Wo kein Kläger, kein Richter (vgl. oben 3.8) – oft niemand die Kraft, den Willen (und den Mut) aufbringt, sich gegen Fehlentscheidungen in diesem Bereich zur Wehr zu setzen.

9.1.4 Zu beobachten ist auch, dass das (westliche) Recht (als System) im Laufe der Zeit immer mehr davon abgerückt ist, das Leben jedes einzelnen als quasi öffentliches Gut zu betrachten, welches zunächst Gott, dann dem Kaiser (zumeist auch oberster Kriegsherr) und erst zuletzt dem einzelnen Menschen selber gehört. Dementsprechend sind aus den meisten Strafgesetzbüchern die Paragraphen verschwunden, die eine Bestrafung des glücklosen Selbstmörders vorsahen. Ein nächster Schritt war die Tolerierung von Sterbehilfeorganisationen, die sich zur Anerkennung eines Rechtsanspruches auf aktive Sterbehilfe – bzw. als Anspruch auf Tötung auf Verlangen – weiter zu entwickeln scheint. Diesbezügliche Entwicklungen sind z.B. in den Niederlanden schon sehr weit fortgeschritten.

Der dahinter stehende Rechtsgedanke ist letztlich auch hier derjenige der Autonomie des Einzelnen, über sein Leben – und dessen Beendigung – selber entscheiden zu können. In der (doppeldeutigen) Formulierung eines Graffitos: *Nimm dir das Leben – es gehört dir!*

Die Schwierigkeit dieser Position liegt aus rechtlicher Sicht wiederum weniger bei der inhaltlichen Frage – das Recht zur Verfügung über das eigene Leben wird anerkannt – als darin, wie (mit welchen formalen Regeln) sicher gestellt werden kann, dass eine derartige Entscheidung im konkreten Einzelfall autonom und nicht fremdbestimmt erfolgt, und dass auch kein allgemein-gesellschaftlicher Druck auf Menschen am Lebensende ausgeübt wird, sich „quasi-freiwillig" für diese „Option" zu entscheiden (vgl. dazu unten 9.3).

9.2 Moral und Leben

9.2.1 Moral – abgeleitet von den lateinischen *mores*, den Sitten und Gebräuchen der Alten – kann auch umschrieben werden als Gesamtheit der nicht formalisierten Regeln (vgl. oben 4.4), die in der Gesellschaftsgruppe oder Schicht gelten, in die wir hinein geboren werden und in die wir hinein wachsen. Die meisten moralischen Regeln lernen wir unbewusst, indem uns nur gesagt wird „So etwas tut man nicht" oder „Es gehört sich, dass man das so oder so macht." Eine Begründung bleibt meistens aus, bzw. wird eben gerade deswegen als nicht erforderlich betrachtet, weil „man" – will heissen: alle – sich so und nicht anders zu verhalten hat. In der Formulierung des japanischen Zen-Buddhisten Kakuzo Okakura (1862–1913) sind „die Gesetze unserer Moral erzeugt von den Bedürfnissen der Gesellschaft von gestern".

9.2.2 Das oft etwas Altväterliche, das moralischen Geboten anhaftet, hat mit dieser Herkunft, vielleicht aber mehr noch mit ihrer Funktion der Stabilisierung der Gesellschaft zu tun. Das Vorhandensein unbestrittener (und daher nur schwer zu bestreitender) Verhaltensregeln, die allen geläufig und (im Idealfall) von allen akzeptiert sind, entlastet die Gesellschaft und ihre Angehörigen von der Begründung ihres Tuns bzw. von der Notwendigkeit, diese unausgesprochenen, aber gleichwohl omnipräsenten Normen zu formalisieren. Die viel beklagte Verrechtlichung aller sozialen Beziehungen hat nicht zuletzt damit zu tun, dass es in der pluralistischen Massengesellschaft immer weniger allgemein und stillschweigend anerkannte moralische Verhaltensregeln gibt. Aber anders als die immer mehr bloss formalen Struktur- und

Verfahrensnormen des Rechts enthalten Moralregeln mehr oder weniger konkrete materiale Handlungsanweisung, was (oft auch: wie) zu tun und was zu lassen ist.

9.2.3 Dies gilt insbesondere auch bezüglich der Bewertung des Lebens: Ethnologen berichten von Gesellschaften, in denen es „moralisch geboten" war, dass alte Leute, die wenig oder nichts mehr zum Überleben der Gruppe beitragen konnten, die Gruppe verliessen und sich zum damit sicheren Sterben allein „in die Wildnis" zurückzogen. Bekannt sind auch ständische Moralkodexe, die bei bestimmten Formen des Misserfolges die Selbsttötung verlangten (sei dies der Sturz des geschlagenen römischen Heerführers ins eigene Schwert oder das Harakiri des Samurai-Fürsten). Natürlich gibt es auch (Gruppen-)Moralen, welche die Selbsttötung aufs Schärfste verurteilen, was in der Regel zu wesentlich tieferen Suizid-Raten in diesen Gesellschaften führt. Der moralische Stellenwert des Lebens ist in den pluralistischen westlichen Gesellschaften jedenfalls keine „Münze" mit einem allgemein anerkannten „Nennwert" mehr. Natürlich prägt die hergebrachte Moral, die jeder von uns mit sich herumträgt, die diesbezüglichen Entscheidungen, die der Einzelne – als autonomes Individuum – für sich allein zu fällen beansprucht. Die moralische Missbilligung der eigenen Gruppe bei einem falschen Entscheid über den eigenen Tod und das eigene Leben – Selbsttötung, wo diese verpönt ist bzw. keine Selbsttötung wo dies z. B. die Gruppenehre verlangte – wird jedenfalls kaum mehr „rechtlich verstärkt" durch entsprechende Strafnormen.

9.2.4 Immer noch „Allgemeingut" ist dagegen der Schutz des fremden Lebens, bzw. die moralische Missachtung von Tötungen Dritter. Diese Haltung erhält durch die Anerkennung der Autonomie des Einzelnen noch zusätzliche Unterstützung: mit der Tötung eines anderen nehme ich ihm nicht nur das biologische Leben, sondern auch die Möglichkeit, autonom darüber zu bestimmen, d. h. ich zerstöre unwiderruflich auch seine Freiheit, einschliesslich des Rechts, über das eigene Leben zu bestimmen.

9.2.5 Besonderen Schutz gewährt die Moral daher den „Wehrlosen", kleinen Kindern, die sich noch nicht, oder alten und kranken Menschen, die sich nicht mehr selber schützen können. Aber auch hier gibt es historische und aktuelle Gegenbeispiele, wo gerade die jeweilige Gruppenmoral die Tötung des behinderten Kleinkindes oder die Ausstossung der „nutzlosen" Alten verlangt (vgl. oben 9.2.3).

Die Kombination der Möglichkeiten vorgeburtlicher Untersuchungen mit der Anerkennung einer Fristenlösung hat dazu geführt, dass die Abtreibung eines möglicherweise behinderten Kindes heute in weiten Kreisen der westlichen Gesellschaften nicht nur als moralisch unbedenklich, sondern z.T. sogar als moralisch geboten bestrachtet wird. Dabei spielt immer mehr das Konzept der „Lebensqualität" bzw. des „lebens*werten* Lebens" eine Rolle. Vielleicht kann man den aktuellen Stand der Diskussion wie folgt skizzieren: Solange der einzelne selber (und autonom) darüber entscheiden kann, ob er sein Leben noch als lebenswert betrachtet, ist diese Entscheidung zu respektieren. Eine Fremdbestimmung über Leben und Lebensqualität von anderen ist moralisch heikel; gleichwohl drängt sich diese Frage aber gerade im Zusammenhang mit der „gerechten" Verteilung der immer knapperen Ressourcen im Medizinalwesen immer stärker auf. Und schliesslich haben wir die (Fremd-)Bestimmung über das noch ungeborene Leben, welche in der Frühphase der Schwangerschaft weitgehend der Mutter überlassen wird, und aus der „Entscheidungshoheit" der Gruppe heraus genommen wurde. Für diese Lösung kann ins Feld geführt werden, dass das ungeborene Kind buchstäblich (noch) Teil des mütterlichen Organismus' ist und dass die Mutter-Kind-Beziehung auch nach der Geburt noch für lange Zeit die weitaus wichtigste Zweier-Beziehung ist.

Es ist nicht auszuschliessen, dass sich – quasi spiegelbildlich dazu – in den westlichen Gesellschaften eine Fremdbestimmung über das Leben sehr alter Menschen herausbildet, die keine autonomen Entscheidungen mehr fällen können. Die Zulassung von aktiver Sterbehilfe kann als Indiz in diese Richtung gedeutet werden.

9.3 Ethik und Leben

9.3.1 Anerkennt man die Selbstbestimmung über das eigene Leben als unbedingt zu schützendes Gut, beschränkt sich die Aufgabe der Ethik auf zwei Bereiche:

a) Sicherstellung, dass weder vom Recht noch von der (Gruppen-)Moral, weder im Einzelfall direkte noch allgemein-strukturelle Gewalt ausgeübt wird, welche eine autonome Entscheidung über den Umgang mit dem eigenen Leben (es gehört mir und nur mir[42]) erschwert oder gar verhindert.

b) Sicherstellen von möglichst „guten" Stellvertreter-Entscheidungen für all die Fälle, wo sich das betroffene Leben nicht (noch nicht/ nicht mehr) selber artikulieren, geschweige denn verteidigen kann.

9.3.2 Für beide Entscheidungs-Gruppen stellt sich als erste Frage die, wie wird die Entscheidungsfindung als solche strukturell abgesichert. Wie wir beim Recht (oben 3) schon gesehen haben, braucht es einen festen Grundbestand von organisatorischen Regeln, welche Strukturen und Verfahren der Entscheidungsfindung der Willkür beliebiger adhoc-Entscheidungen entziehen und deren Zustandekommen einer parallel-laufenden Kritik und nachträglichen Überprüfung mit der Möglichkeit von Korrekturen unterwerfen.

Anders als beim Recht, welches vom Staat „von oben herab", „top down" und flächendeckend[43] verordnet wird, sind die Strukturen ethischer Entscheidungsfindung „von unten her", „bottom up" auf die

---

[42] Ethik als kritische Wissenschaft, wie man zu guten (oder doch wenigstens) besseren Entscheidungen gelangen kann, darf und muss natürlich auch diese Prämisse hinterfragen, die hier einfach vorausgesetzt wird. In diese Diskussion ist auch die „Reichweite" unserer Entscheidungs-Autonomie miteinzubeziehen.

[43] Der Föderalismus ist eines der Instrumente, mit denen das Recht versucht, sich nicht allzu weit von den Betroffenen zu entfernen. Gleichwohl ist die Regelungsebene – sei diese nun der Bund, der Kanton oder die Gemeinde – immer eine „allgemeine Gebietskörperschaft" und nicht eine aus einem konkreten Problem entstandene und im Lösungsversuch verbundene Gemeinschaft.

konkrete Entscheidungssituation hin auszurichten. Nur ausgehend von individuell-konkreten Problem kann eine ethisch vertretbare Entscheidung über existentielle Fragen, welche Leib und Leben eines bestimmten Menschen betreffen, gefunden werden. „Gerechtigkeit macht Unterschied" hiess es im alten Stadtrecht von Ofen. Dem leidenden Mernschen gerecht werden kann nur eine seiner konkreten Situation Rechnung tragende Entscheidungsstruktur. Sie ist eine andere, wo der „autonome" Mensch um eine Entscheidung ringt als wo stellvertretend über ein „nicht-autonomes" Leben entschieden werden muss.

9.3.3 Anerkennt man das Selbstbestimmungsrecht des „autonomen Menschen", kann eine Entscheidungsstruktur immer nur eine unterstützende Rolle haben. Diese Unterstützung darf sich dann aber nicht nur auf die Entscheidfindung beschränken, sondern hat auch die Umsetzung der so gefundenen Entscheidung mitzutragen: Die Anerkennung einer autonomen Entscheidung einerseits bei nachträglicher Verweigerung der Mittel und der Unterstützung für die Umsetzung eben dieses Entscheides wäre aus ethischer Sicht fragwürdig, da sie zumindest zu einem schwer ertragbaren Widerspruch zwischen Denken und Handeln führen würde.

Die Anerkennung der Autonomie muss aber auch – mit einem Vorbehalt – einschliessen, dass auf die Unterstützung durch eine solche Entscheidungsstruktur verzichtet werden kann; das schliesst nicht aus, dass man zuvor rechtlich verpflichtet werden kann, dieses Angebot wenigstens zur Kenntnis zu nehmen. Der Vorbehalt betrifft die Fälle, wo Zweifel an der Autonomiefähigkeit des betreffenden Menschen bestehen.[44]

9.3.4 Sind Stellvertreter-Entscheidungen zu treffen, stellen sich vor allem drei Fragen: jene der Legitimation, die der Kompetenz und die der möglichen Interessenkonflikte der Stellvertreter. Dabei ist zu bedenken, dass es sich hier fast immer um äusserst schwierige Dilemma-

---

44 Womit zugegebenermassen ein „Einfallstor" für den Zwang zur Benützung einer vorhandenen Entscheidungsstruktur aufgestossen wird; d.h. wiederum, dass diese Frage einer eigenen sorgfältigen Überprüfung bedarf.

Situationen handelt, in denen keine wirklich gute, sondern bestenfalls nur die am wenigsten schlechte Lösung gefunden werden kann. Angehörige sind dabei – wenn sie allein gelassen werden – oft überfordert.

Aus dieser Perspektive ist – vor allem am Lebensende – zu betrachten, dass die gesetzlichen Vertreter (z.B. die Kinder – zugleich die potentiellen Erben) oft nicht die am besten geeigneten Personen sind, um über existentielle Fragen des betroffenen Menschen zu entscheiden. Zwei wichtige Ursachen für diesen Umstand sind die hohe durchschnittliche Lebenserwartung und die Mobilität der Gesellschaft: auch bei einer normalen Eltern-Kind-Beziehung kann es durchaus sein, dass die Kollegen vom Jassclub, die man fast täglich trifft, mehr über das Befinden und Denken eines Menschen wissen als die Tochter, die seit 40 Jahren in einer anderen Stadt oder gar im Ausland lebt. Das Recht ist dabei, diesem Wandel Rechnung zu tragen, indem die Möglichkeit geschaffen werden soll, in einem Vorsorgeauftrag für medizinische Massnahmen „eine oder mehrere natürliche Personen zu bezeichnen, die im Falle ihrer Urteilsunfähigkeit in ihrem Namen die Zustimmung zu medizinischen Massnahmen erteilen sollen"[45]. Mit der Benennung einer solchen Person erhalten auch die Behandelnden einen Ansprechpartner, der ihre Wissenslücken über den persönlichen Hintergrund des Patienten ausfüllen kann; denn nur damit kann eine Entscheidung gefunden werden, die dem ganzen Menschen gerecht wird und ihn nicht auf ein medizinisches Problem reduziert.

Bei Stellvertreter-Entscheidungen am Lebensanfang (in der Neonatologie) und in der Kindheit sind natürlich vor allem die Eltern miteinzubeziehen: es ist nebst dem Leben des Kindes auch ihre Lebensplanung, welche durch eine Behinderung des Kindes völlig über den Haufen geworfen werden kann. Eine seriöse Entscheidsuche hat auch diese Aspekte zu thematisieren und darf sich nicht nur auf die Krankenhaus-Situation – „Ethik bis zum Spitalaustritt" – beschränken.

---

45 Art. 370 des Vorentwurfes zum neuen Erwachsenenschutzrecht, welches an die Stelle des noch geltenden Vormundschaftsrechts treten soll.

9.4 ... und die Medizin?

„Wenn man sieht, was die heutige Medizin fertig bringt, fragt man sich unwillkürlich: Wie viele Etagen hat der Tod?" (Jean-Paul Sartre). Niemandem zu schaden und nach Kräften Gutes zu tun, war für die Medizin solange kein Problem, als sie bis weit ins 20. Jahrhundert hinein in vielen Fällen wenig genug tun konnte, um Leben zu erhalten. Die Möglichkeit der modernen Medizin, Leben schon (vor der Geburt, in der Neonatologie) oder noch (am Lebensende) zu erhalten und zu verlängern, wird spätestens dann zum Problem, wenn der Wille, diese Möglichkeiten bis zum letzten auszuschöpfen, mit dem Wunsch eines Menschen auf einen möglichst „natürlichen" Tod zusammen stösst[46]. Ist Lebenserhaltung in dieser Situation immer noch fraglos „Gutes tun" (an der „Biologie") oder doch eher Missachtung der Autonomieansprüche eines sterbewilligen Menschen?

Die (schweizerische) Rechtssprechung[47] anerkennt grundsätzliche Verbindlichkeit von sogenannten Patientenverfügungen, mit denen urteilsfähige Patienten darüber entscheiden können sollen, welche medizinische Behandlungen sie im Falle ihrer späteren Urteilsunfähigkeit wünschen oder ablehnen. Die (noch zu lösende) „Knacknuss" ist also nicht mehr die Frage der Verbindlichkeit einer solchen Anordnung, sondern jene ihrer Ausgestaltung, um sie in der praktischen Anwendung als gültige Anweisung an die Behandelnden, und nicht bloss als „diskutable" Vorgabe einfordern zu können (nötigenfalls durch die im „Vorsorgeauftrag für medizinische Massnahmen" bezeichnete Per-

---

46 Beate Lakotta berichtet über den Fall einer 83jährigen Dame, die bei völliger Gesundheit eine Patientenverfügung verfasste und sich klar äusserte, bei einem Verlust ihrer Äusserungsfähigkeiten keine lebenserhaltenden Massnahmen zu wünschen. Ein halbes Jahr danach erlitt sie einen Unfall mit schwersten Hirnverletzungen, ohne dass Aussicht bestand, dass sie das Bewusstsein je wieder erlangen würde. Gleichwohl wurde die Dame mittels Magensonde künstlich ernährt. Es bedurfte des Machtwortes des zuständigen Vormundschaftsgerichtes, welches die Patientenverfügung als verbindlich erklärte und die Entfernung der Magensonde anordnete. Die Dame starb darauf nach sechs Tagen in einem Hospiz. (Wann ist Sterbenszeit, im Spiegel 37/2004, 168).
47 Vgl. den Entscheid des Schweizerischen Bundesgerichtes vom 22. Mai 2001 (1P.103/2001/bie).

son (vgl. dazu oben bei Fn. 45). Der Vorentwurf für das neue Erwachsenenschutzrecht enthält bereits eine diesbezügliche Regelung, die aber noch überarbeitet werden muss, um in der Praxis wirklich ohne grosse Unsicherheiten angewendet werden zu können[48].

---

[48] Vgl. dazu Art. 373 des Vorentwurfes zum neuen Erwachsenenschutzrecht sowie Ziffer 2.14 (S. 28 ff.) des Berichtes der Expertenkommission für die Gesamtrevision des Vormundschaftsrechts vom Juni 2003 sowie M. Baumann: Vorsorgeauftrag für medizinische Massnahmen und Patientenverfügung, Zeitschrift für Vormundschaftswesen, 1/2005.

10. Zu guter letzt ...

10.1 Das Recht versucht im grossen Verband des Staates (und immer mehr auch der internationalen Gemeinschaft) Ordnung und Frieden zu schaffen. Dass dabei auch Gerechtigkeit entsteht, kann es – so wünschenswert dies wäre – nicht garantieren; aber es kann Ungerechtigkeiten (zumindest die gröbsten) z.T. verhindern (präventive Wirkung), z.T. wieder beseitigen oder doch wenigstens die Folgen von Unrecht mildern (Schadenersatz und Strafen). Dazu bedient sich das Recht vieler Formalismen, die bei aller Unpersönlichkeit, manchmal fast unmenschlichen Starrheit, den grossen Vorzug haben, zumindest das Verfahren der blossen Willkür zu entziehen. Damit entsteht auch Sicherheit, was zu erwarten ist, was getan werden darf und was nicht. Ein funktionierendes Rechtswesen ist eine der wichtigsten Voraussetzungen dafür, dass hochkomplexe, arbeitsteilige Gesellschaften überhaupt funktionieren und sich wirtschaftlich und sozial entwickeln können.

10.2 Moral ist die Ordnungsmacht im Kleinen, in den Nahverhältnissen möglichst homogen zusammen gesetzter Gruppen. Sie regelt die Alltagsbeziehungen mehr oder weniger eng zusammen lebender Gruppen; ihre Regeln gelten gruppenintern als „Selbstverständlichkeiten", die eben deswegen keiner Formalisierung bedürfen, jedenfalls nicht in Form von geschriebenen Regeln (aber z.B. als Rituale). „Das Moralische versteht sich immer von selbst" (Friedrich Theodor Vischer, 1807–1887). Dementsprechend ist auch die Durchsetzung derartiger Regeln kaum formalisiert; sie reicht von der Verachtung bis zum Extremfall der Lynchjustiz und ist oft strenger als eine Sanktion des Rechtssystems, immer aber weniger berechenbar, und zwar weder in Bezug auf das „Urteil" noch auf dessen „Vollstreckung".

10.3 Ethik ist die Wissenschaft, die untersucht, wie wir zu auch inhaltlich richtigen (richtigeren?) Entscheidungen kommen können. Das Recht dagegen begnügt sich mit einer formalen Richtigkeit, die aber immerhin als notwendige Voraussetzung (und Chance) auch für die inhaltliche Richtigkeit gesehen werden kann. Formal-richtige Lösungen sind grundsätzlich für eine unbestimmte Vielzahl von Fällen möglich: nämlich alle Fälle, die demselben Beurteilungsverfahren unterworfen werden: „Alle Menschen sind vor dem Gesetz gleich" (Art. 8 Abs. 1 der Schweizerischen Bundesverfassung). Materiale Richtigkeit verlangt darüber hinaus die Berücksichtigung der konkreten Umstände genau dieses bestimmten Falles, bzw. eine auf die betroffenen Menschen zugeschnittene Lösung. Je höher das betroffene Rechtsgut, desto genauer muss die Lösung nach Mass des oder der Betroffenen Menschen geschneidert werden. Bei existenziellen Gütern wie Leib und Leben kann deshalb immer nur eine individuell-konkrete Bestandesaufnahme die Basis für einen (möglichst) „richtigen" Entscheid liefern. Das aber wiederum setzt ein ethisch einwandfreies Entscheidungsverfahren voraus, womit die Ethik nicht darum herum kommt, sich auch mit den Formalien derartiger Verfahren auseinander zu setzen; diesbezüglich kann die Rechtswissenschaft aus ihrer Jahrtausende alten Erfahrung einiges beitragen. Allerdings darf dabei nicht vergessen werden, dass die *Gleichheit* eines der wichtigsten Entscheidungs-Kriterien des Rechts für die Schaffung von Ordnung und Frieden ist, *Gerechtigkeit* (als ethische Tugend) aber *Unterschiede* macht (machen muss).

10.4 Will die Medizin nicht zum blossen „Krankheitsmanagement"[49] oder „Gesundheits-engineering" degenerieren, sondern ihre Rolle als „kluger und weiser Ratgeber" (vgl. oben 5.2) weiterhin möglichst gut ausfüllen, sollte sie akzeptieren, dass letztlich nicht ihr technisches Können, sondern die individuellen Bedürfnisse des leidenden Menschen darüber entscheiden müssten, was getan werden soll, getan werden darf.

---

49 „Managed care" lässt offen, ob nun das „Management" oder die „Care" wichtiger ist. Unter dem Kostendruck entsteht gelegentlich der Eindruck „that they take care of a good management, but don't care too much about care".

Ob sich diese Zielsetzung mit den Zielen einer marktwirtschaftlich organisierten „Gesundheitsindustrie" vereinbaren lässt, und ob eine derartige „Menschenmedizin"[50] berechenbar und finanzierbar ist, ist eine andere Frage.

---

50 „Menschenmedizin" ist der Titel eines Buches von Christian Hess und Annina Hess-Cabalzar (Zürich, 2001), in welchem die Autoren für eine Alternative zur modernen Medizin plädieren, da letztere „dem Patienten das wesentliche Gefühl des ‚Gemeintseins' genommen hat und sich zunehmend in eine kalte, gefühlsarme, berechenbare und ökonomisch bewertbare Wissenschaft gewandelt (hat)".

Interdisziplinärer Dialog -
Ethik im Gesundheitswesen

In der modernen Medizin und Pflege nimmt der Wissenszuwachs über den Menschen rasant zu und ständig eröffnen sich neue Handlungsmöglichkeiten. Moralische Fragen werden dabei auf der individuellen und sozialen Ebene aufgeworfen: Welche der zur Verfügung stehenden Handlungsmöglichkeiten ist die einem Menschen angemessene? Wie weit soll der medizin-technische Fortschritt gehen, und wie lässt er sich von der Gesellschaft finanzieren und fair verteilen? Antworten auf diese den Menschen und die Gesellschaft in ihrem moralischen Kern betreffenden Fragen zu suchen, ist eine grosse ethische Herausforderung für die Menschen in der Postmoderne im Kontext einer pluralistischen Gesellschaft. Auf diesem Hintergrund ist der interdisziplinäre Dialog aller Betroffenen heute besonders dringlich. Er ist Voraussetzung für verantwortliches Handeln in Medizin und Pflege. Die vorliegende Buchreihe *Interdisziplinärer Dialog – Ethik im Gesundheitswesen* soll zu diesem Dialog einen aktiven Beitrag leisten. Publiziert werden Kongressberichte, Tagungsbände, Dissertationen, Festschriften etc., welche sich interdisziplinär mit moralischen Problemen und Fragestellungen des Gesundheitswesens auseinander setzen. Ausserdem bietet die Reihe Platz für konkrete Handlungsvorschläge zu einzelnen Krankheitsbildern und verschiedenen Problemfeldern des Gesundheitswesens. Theorie und Praxis sollen gleichgewichtig zu Wort kommen. Es werden Manuskripte in deutscher, französischer und englischer Sprache aufgenommen.
Herausgegeben und wissenschaftlich verantwortet wird die Buchreihe vom *Interdisziplinären Institut für Ethik im Gesundheitswesen*, DIALOG ETHIK, das von Dr. theol. VDM Ruth Baumann-Hölzle geleitet wird.

DIALOG ETHIK
Das Interdisziplinäre Institut für Ethik im Gesundheitswesen stellt sich vor.

Angesichts des medizin-technischen Fortschritts kommt es im Gesundheitswesen zunehmend zu ethischen Dilemmasituationen. Die Auseinandersetzung mit diesen Dilemmasituationen ist dringlich und bedarf der interdisziplinären Bearbeitung. Auf dem Hintergrund dieser Problematik wurde 1999 der gemeinnützige Verein für interdisziplinäre Ethik DIALOG ETHIK gegründet, der das *Interdisziplinäre Institut für Ethik im Gesundheitswesen* betreibt. Das interdisziplinär zusammengesetzte Institutsteam arbeitet an einer Kultur bewussten, interdisziplinären, ethischen Urteilsbildung, indem die persönlichen Kompetenzen der Handelnden, der interdisziplinäre Austausch im Gesundheitswesen und der öffentliche Diskurs zu den ethischen Fragen rund um Gesundheit und Krankheit gefördert, unterstützt und begleitet werden. Hierfür macht das Institut verschiedenste Angebote.

DIALOG ETHIK
Interdisziplinäres Institut für Ethik im Gesundheitswesen
Sonneggstrasse 88
8006 Zürich
Tel. 044 252 42 01
Fax 044 252 42 13
Internet: www.dialog-ethik.ch; E-Mail: info@dialog-ethik.ch

Interdisziplinärer Dialog -
Ethik im Gesundheitswesen

Verzeichnis der bisher erschienenen Bände:

Band 1: Ethik-Forum des Universitäts-Spitals Zürich (USZ) (Hrsg.)
Medizin, religiöse Erfahrung und Ethik
Leben – Leiden – Sterben
ISBN 3-906765-06-7. 2000.

Band 2: Ruth Baumann-Hölzle
Moderne Medizin – Chance und Bedrohung:
Eine Medizinethik entlang dem Lebensbogen
ISBN 3-906766-55-1. 2001.

Band 3: Medizin-ethischer Arbeitskreis Neonatologie
des Universitätsspitals Zürich
An der Schwelle zum eigenen Leben:
Lebensentscheide am Lebensanfang bei zu früh geborenen,
kranken und behinderten Kindern in der Neonatologie
ISBN 3-03910-120-X. 2002; 2. Auflage: 2003.

Band 4: Ruth Baumann-Hölzle, Corinne Müri, Markus Christen
& Boris Bögli (Hrsg.)
Leben um jeden Preis?
Entscheidungsfindung in der Intensivmedizin
ISBN 3-03910-380-6. 2004.

Band 5: Max Baumann
Recht → Ethik → Medizin
Eine Einführung ins juristische Denken –
nicht nur für Ethiker und Mediziner
ISBN 3-03910-629-5. 2005.

Ruth Baumann-Hölzle / Corinna Müri /
Markus Christen / Boris Bögli (Hrsg.)

Leben um jeden Preis?

Entscheidungsfindung in der Intensivmedizin

Bern, Berlin, Bruxelles, Frankfurt am Main, New York, Oxford, Wien, 2004.
270 S., zahlr. Abb., Tab. und Graf.
Interdisziplinärer Dialog – Ethik im Gesundheitswesen. Bd. 4
Herausgegeben von Dialog Ethik,
Interdisziplinäres Institut für Ethik im Gesundheitswesen
ISBN 3-03910-380-6 br.
sFr. 67.– / €* 46.20 / €** 43.20 / £ 30.20 / US-$ 51.95

* inkl. MWSt. – nur gültig für Deutschland und Österreich   ** exkl. MWSt.

Ein todkranker Patient liegt auf der Intensivstation; es besteht kaum noch Hoffnung. Wann sollen – oder dürfen – die lebenserhaltenden Massnahmen eingestellt werden? Wer soll dies entscheiden? Gibt es ein Recht auf Leben um jeden Preis? Was haben die Angehörigen zu sagen? Dürfen Aspekte wie die Bettenbelegung eine Rolle spielen? Mit diesen heiklen Fragen werden die Behandlungsteams im intensivmedizinischen und -pflegerischen Alltag konfrontiert. Der technische Fortschritt in der Intensivmedizin und der Neonatologie hat dazu geführt, dass der Grat zwischen Lebensrettung und Leidensverlängerung in den letzten Jahren schmal geworden ist. Strukturierte Entscheidungsfindungsverfahren erlauben in diesen schwierigen Situationen, möglichst faire, auf das individuelle Patientenschicksal ausgerichtete und konsensorientierte Entscheide zu treffen. In diesem Buch beschreiben Fachpersonen aus Medizin und Pflege, Philosophie und Ethik, Recht und Soziologie die hohen ethischen Anforderungen an die Entscheidungsfindung in der Intensivmedizin und zeigen mögliche Lösungen für die genannten Fragen auf.

Die Herausgeber: Ruth Baumann-Hölzle ist seit 1999 Leiterin des Interdisziplinären Instituts für Ethik im Gesundheitswesen «Dialog Ethik», Dozentin für Medizin- und Pflegeethik sowie Autorin verschiedenster Publikationen.

Corinna Müri ist bei «Dialog Ethik» als Projektleiterin und im Institutsmanagement tätig.

Markus Christen arbeitet als Wissenschaftsjournalist und ist Mitbegründer des philosophischen Atelier Pantaris in Biel.

Boris Bögli ist Journalist und Mitarbeiter von Pantaris.

PETER LANG
Bern · Berlin · Bruxelles · Frankfurt am Main · New York · Oxford · Wien

www.ingramcontent.com/pod-product-compliance
Ingram Content Group UK Ltd.
Pitfield, Milton Keynes, MK11 3LW, UK
UKHW021846140426
5217IPUK00022B/1626